石丸昌彦［監修］

精神障害とキリスト者

そこに働く神の愛

日本キリスト教団出版局

本書は『信徒の友』二〇一七年四月号から二〇一九年四月号まで連載された「シリーズ精神障害」に、一部加筆および修正を加えたものである。なお、各記事の執筆者の肩書き、所属は連載当時のものである。

連載「シリーズ精神障害」書籍化にあたって

キリスト教月刊誌『信徒の友』の二〇一七～二〇一八年度と二年間にわたる連載「シリーズ精神障害　そこに働く神の愛をめぐって」がこのたび書籍化されることになりました。精神障害にまつわるさまざまな課題とそれらに取り組む姿勢、方法をより多くの方々と共有することができることを、連載時の担当編集者として大変うれしく思います。

本連載では精神障害の当事者や支援者の方々に執筆いただき、掲載の次の号で精神科医の石丸昌彦先生が応答していくという形式をとりました。クリスチャンでもある石丸先生が、精神医療の専門家としての視点とキリスト教信仰者としての視点、その双方から前号で書かれた内容について補足したり、掘り下げたりすることで精神障害への理解を促すことが目的です。

お読みいただくとわかるように、石丸先生のレスポンス記事は前号の執筆者へのメッセージにもなっています。時には少し厳しい問いかけもありますが、どの記事にも共通して含まれているのは執筆者へのエールです。特に精神障害の当事者への石丸先生の愛情は、一緒に仕事をしていてひしひしと感じました。

石丸先生は本連載の監修者、アドバイザー、主筆を担われただけでなく、編集者を励まし続けてくれました。このたびの書籍化にあたり、執筆者の方々に感謝するとともに、石丸先生にも心からの感謝を申し上げます。

この連載にはさまざまな反響がありました。編集部に寄せられたご意見・ご感想をまとめ、連載二年目の中盤に執筆したのが「共に考える『教会とは何か？』――イエスの心を忘れずに」（155ページ以下）です。

この記事では、精神障害の当事者が信仰とどう折り合いをつけ、教会とどう関わっていくか悩む声を拾いました。また、精神障害のある人が教会に来て対応に苦慮した牧師や教会員の経験も、個人が特定されないように再構成した上で載せています。両者は相反するように思えるかもしれませんが、そうではありません。むしろ、教会につながりたい思いと、教会に受け入れて共に歩んでいきたいという思いが、教会という一《ひと》つ屋根の下で交錯しているのです。

それでも現実は難しいのはなぜでしょうか。編集をしていて気づいたことがあります。それは、そもそも教会とはどういうところなのだろうか、教会はどうあるべきだろうかという根本的な問いに返る必要があるのではということです。上記の記事には、そのことに気づかせてくれた投稿文があります。教会における精神障害のある人たちとそうではない人たちとの関係について見事な提起をしていると思います。自戒を込めた率直な文章にも心を打たれたので、以下に引用します。

「そのような人たちの存在を忘れていた。そのような人たちにとって我々の『教会』とは何なのだろうか。弱い者たち、病める人たち、障害のある人たちに寄り添ってくださったイエスの心を我々は忘れていないか。まさか『教会』にとって厄介な人たちなのではないか、邪魔者にしてきたのではないか。『教会』は富める者、健やかな者たちだけの集団なのではないか、そう自問している」（161ページ）

イエス・キリストの体である教会に私たちはどうつながればよいのか、その答えを追い求めていく連載を『信徒の友』では続けてきました。この精神障害の前の連載のテーマは「がん」でした。その前は「自死」でした。そして現在は「ＬＧＢＴ」（いわゆる性的少数者、セクシュアルマイノリティ）の連載を編んでいます。それぞれに異なるテーマではありますが、共通するのは社会の中で弱く小さくされた人たちを中心に取り上げているということです。

「自死」の連載では死因が自死だったと言えず葛藤を抱えてきた遺族が、「ＬＧＢＴ」では差別や偏見にさらされてきた当事者たちが、教会は、私たちキリスト者はどうしたらいいのか、何をすべきか、丁寧かつ的確に示唆を与えてくれています。一方で、精神障害のある人と教会や教会員との間に何らかのトラブルが起きたり、軋轢が生み出されたりしている場合に、当事者がそうした提言をすることは困難です。しかし、だからこそ、そうした人たちの中にいるイエスを見つめることが大切なのだと、こうした連載をとおして感じさせられました。

本書に収められた精神障害のある人たちの声、支援者や専門家の取り組みが、自らの信仰を問い直し、「教会とは何か」を考える一助になれば望外の喜びです。

二〇二〇年一月一五日

『信徒の友』編集部

精神障害とキリスト者　そこに働く神の愛　目次

装丁　ロゴスデザイン　長尾　優
協力　デザインコンビビア

はじめに――なぜ「精神障害」を取り上げるのか

石丸昌彦（いしまる　まさひこ）
精神科医、放送大学教授
ＣＭＣＣ（キリスト教メンタルケアセンター）理事
東京・柿ノ木坂教会員

私が精神科医として働き始めたのは約三〇年前のことでした。二〇世紀半ばの精神病院建設ラッシュ時代に建てられた鉄格子の病棟で、当時「精神分裂病」と呼ばれていた病気の患者さんたちと長い時間を過ごしました。その後この病気のメカニズムに関する研究に関わり、米国留学を経て帰国してからは、街中《まちなか》のクリニックなどで医師として働きながら、診療を通じて学んだことを大学教育の場で伝える仕事をしてきました。

主イエスに出会ったのは医学部の学生のころでしたが、当時は精神科医になろうとは予想もしていませんでした。最終学年の実習のときに精神科病棟で二週間過ごし、それで進路を決めたのは導きによるものだったのでしょう。精神科医として働く上で、信仰を与えられていたのは何よりありがたいことでした。「神の業がこの人に現れるため」（ヨハネ9・3）でなかったとしたら、受け容《い》れることの難しい現実が医療の現場にはあるからです。とりわけ精神科医療はそうでした。

「精神障害」という言葉は、「精神疾患」と読み替えていただいてかまいません。主に、うつ病、認知症、アルコール依存症、統合失調症などが含まれます。最近の英語では心の不調・変調を mental disorder と言い表しており、disorder を「障害」と訳すところから、わが国でも心の変調を「精神障害」と呼ぶようになりました。昔は「障害」というと、病気やケガのために不可逆の後遺症が残った場合を指しましたが、それとは違って脳の働きの不調・変調そのものを指す言葉として用いられています。それにしても世の中には苦難や病気が数えきれないほど多くあるのに、なぜことさら精神障害を取り上げるのでしょうか。

精神障害には特有のつらさがあります。うつであれ不安であれ、精神症状の苦しさは経験した人でなければわかりません。症状が目に見えにくいので周囲から理解されにくく誤解されやすいし、後述するような社会の偏見も根強くあります。私たちが身体の病気にかかったときには、気を強くもって精神力を奮い起こし、体のつらさと闘おうとするでしょう。しかし精神障害では、闘病の足場となる心そのものが揺らいでしまいます。心の動揺は信仰上の悩みに波及しがちで、信仰者であるがゆえにかえって霊的な苦しみが生じることも珍しくありません。

このようにつらい精神障害は、一方ではどんな人でもかかる可能性のある身近な病気でもあります。事実、患者数は年々急増して誰にとっても他人事ではなくなりました。困難を抱える人々に援助の手を差し伸べるためにも、自分自身の心と魂を健やかに保つためにも、精神障害についての理解を深めることは現代のキリスト者にふさわしい学びであろうと思います。

メンタルヘルスの現状

精神障害を抱える人々の数が急増していると書きました。そのことを客観的な数字で確認しておきましょう。

精神疾患の受療率（その病気で医療にかかった人数の人口比）は年々着実に増加してきました。高血圧や糖尿病などの生活習慣病とよく似た足取りですが、他の疾患が頭打ちになる中で精神障害はなお増え続けています（次ページ図１）。精神科の病院や診療所が増えたために、昔は医者にかかれなかった人々が受診できるようになったという事情もあるのですが、実際に病気にかかる人が増えてきたことも事実でしょう。その背景にはＩＴ化による情報の氾濫や過剰な成果主義、コミュニティーの消滅によって人と人とを結ぶ絆が希薄になったことなど、日本社会

図1　主要疾患の受療率の年次推移（「患者調査」データより作成）

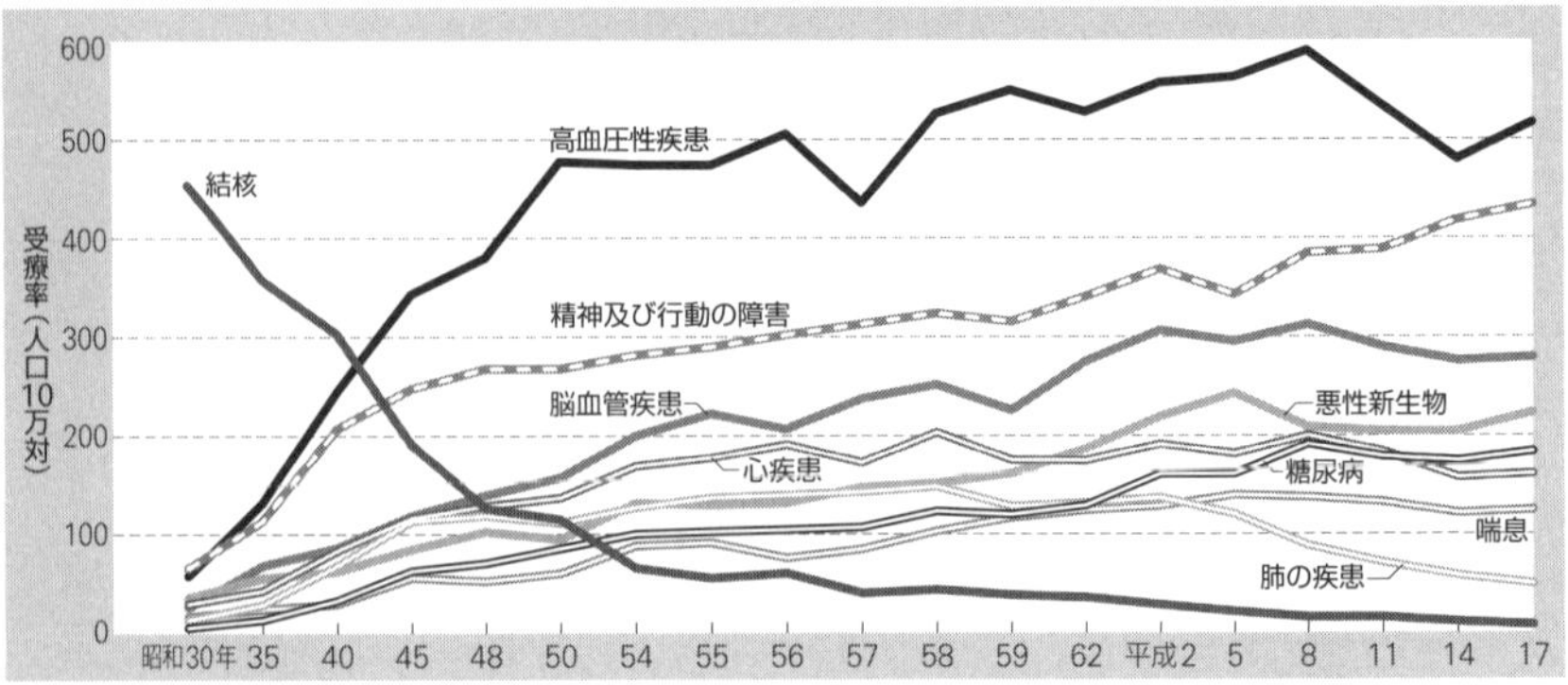

図2　生活の質への影響を加味した各種疾病の重要度

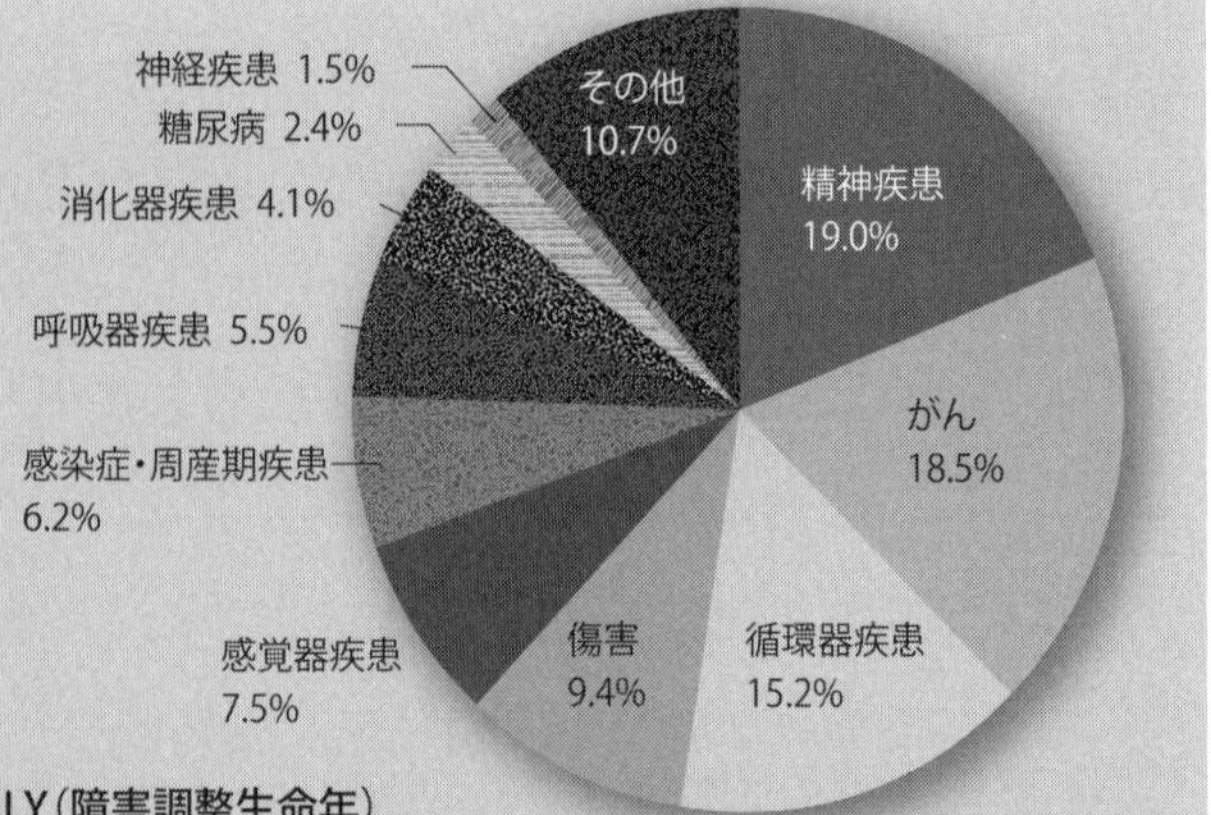

DALY（障害調整生命年）

わが国におけるDALY（障害調整生命年）値の疾病群別割合
数字は各疾病群のDALY値の全体に占める割合。
Disease & Injury Country Estimates 2004, WHO 2009のデータに基づいて作成。

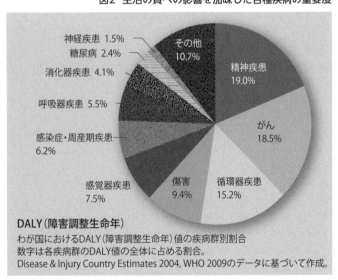

の大きな変化が見てとれます。

病気は人の寿命を縮めるだけでなく、社会活動の自由を奪ってＱＯＬ（生活の質）を低下させます。精神障害はとりわけそうした傾向が強いので、ＱＯＬへの影響を加味して病気による損失を評価するＤＡＬＹという指標で見てみると、主な精神障害を合計した値はすべての部位のがんを合計した値を超え、今では日本人にとって最大の健康問題となっています（図２）。

精神疾患のうち、うつ病は二〇一四年の調査で全国に一一〇万人の患者がいると推測されています。大変な数字ですがこれでも海外と比べれば少ない方で、地球全体では人類の総人口の二％がうつ病に悩んでいるといわれます。

日本の問題の一つは精神科医療が入院に偏っていることで、全国で三〇万人近い入院患者数や平均三〇〇日近い在院日数などは、先進国中では異例とも言える大きな数字です。こうした数字の中には、精神科医療だけでなく日本の現代史の根幹に関わる根深い問題が潜んでいます。これについては、いずれ別のところで詳しく論じてみたいと思います。

隔離とスティグマの歴史

その約三〇万人の入院患者のうち、約六割を占めるのが統合失調症です。こんなに入院患者数が多いのは、この病気が不治の病だからではありません。統合失調症の治療薬は一九五二年に発見され、それ以来この病気はコントロールできるものになりました。その結果、閉鎖的な病院精神医療から開放的な地域精神医療への劇的な転換が世界的に進み、先進各国の精神科病床数はみるみる減少していったのです（図3）。

　ところが、同じ時期の日本では精神科病床数は減るどころか急激に増加しました。それまで家族の手に委ねられていた精神障害者を病院に移し、一昔前の欧米型の病院精神医療を実現すべく、精神病院がどんどん建設されたのです。「病院から地域へ」という世界の流れとは正反

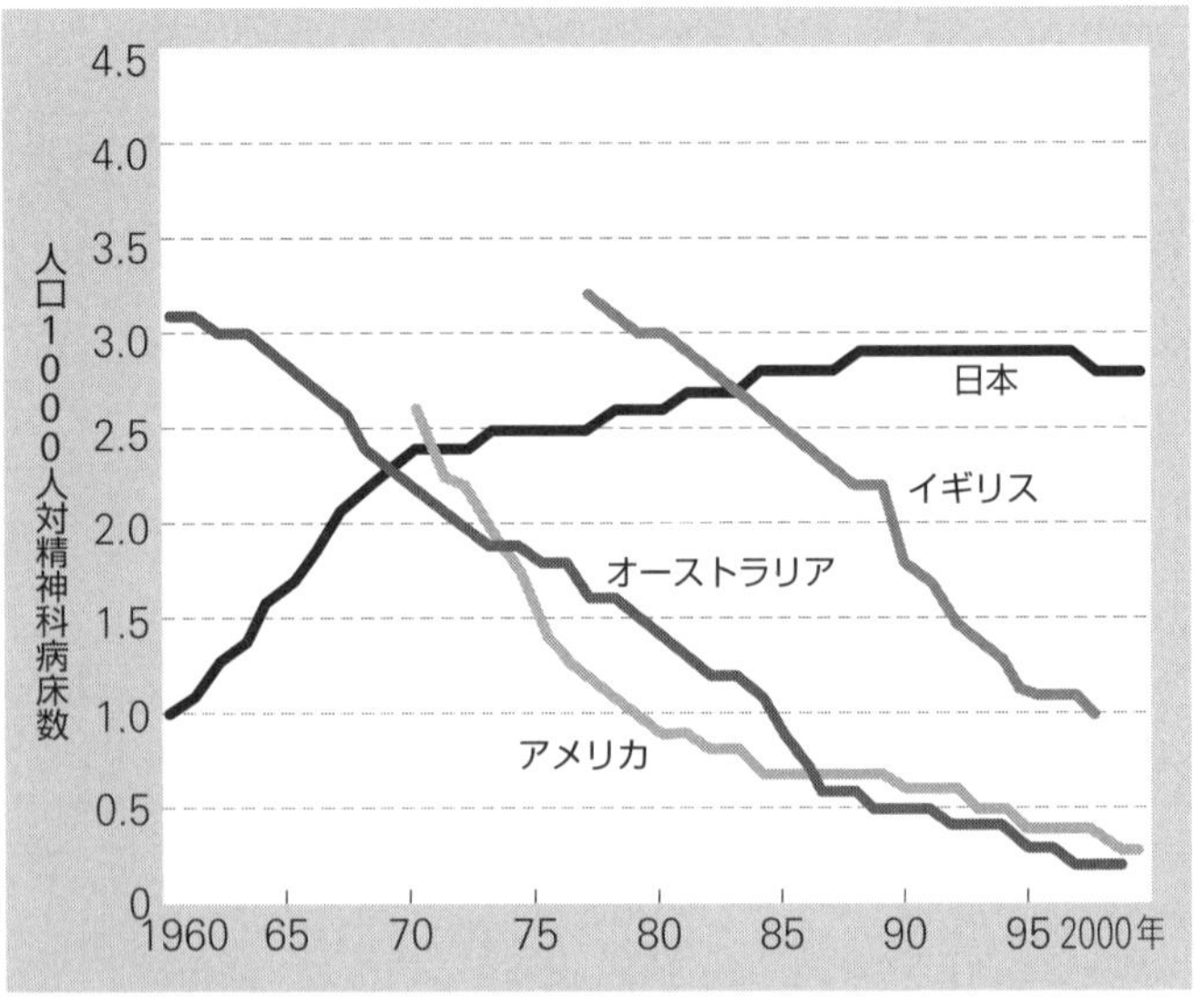

図3　各国における精神科病床数の年次推移（OECD Health Data より）

対に、統合失調症などの患者を「地域から病院へ」移して囲い込み、地域生活から遠ざけ切り離すことがわが国では進行したのでした。

こうした流れの中で私たちは精神障害のある人々を空間的に遠ざけただけでなく、私たちの心からも遠ざけたのではなかったでしょうか。障害というレッテルを貼って遠ざけ隔離することと、いわゆるスティグマ（社会的烙印）の問題です。そしてスティグマは過去のものではなく、精神障害者の地域社会への復帰を阻む見えない壁として、なお私たちの内と外に立ちはだかっています。

教会はどうするのか

精神障害があると思われる人がふと教会に現れ、そのまま足しげく通ってくるということが、多くの教会でよく起きるのではないかと思います。社会が疎外しても、教会なら受け容れてくれるだろう、そんな直観が働くからでしょうか。聖書に親しんだことのある人なら、休む間もなく多くの病を癒やされた主イエスの姿を教会に求めるかもしれません。もちろん、初めから魂の救いを求めてくる人もあることと思います。

いずれにせよ、病に疲れた人が教会に来るのは真に正しく、また喜ばしいことです。しかし私たちはそんなとき、喜びと同時に戸惑いを覚えはしないでしょうか。不慣れゆえ、あるいは関わりを持とうとしてうまくいかなかった過去の体験ゆえに、ついつい消極的になる人は少なくないはずです。

そのような方々にこそ、本書をお読みいただきたいと思います。誰にとってもたやすい問題ではありませんが、主の導きを信じて取り組むなら、きっと大きな実りが得られるに違いありませんから。

教会は居場所になるか——福音宣教からの模索

濱田裕三（はまだ　ゆうぞう）
日本基督教団東広島教会牧師（代務）
広島・地域活動支援センター　ミルキーハウス所長

私は広島市内で、二〇一七年三月末まで主任牧師を務めていた広島南部教会を主に会場として、「宇宙ミーティング」という会を約一一年間主宰してきました。会と記しましたが、「場」づくりという表現が適しているように思います。

毎週水曜日に六〜一〇名の方が集まり、テーブルを囲んで病気や障害、生きづらさや苦労を語り合います。参加者は統合失調症、うつ病などの精神疾患を体験している人たち、家族、支援者、専門家などです。内容と方法は単純で簡単です。21ページのプログラムの実際をご覧ください。特徴は一人が語り終えるたびに拍手をすることです。「よくこの場を信頼して語ってくれたね」「いい苦労を経験しているね」といった敬意を込めた拍手です。

最近は当事者研究も行っていました。病気や障害、繰り返し経験する苦労のパターンを眺め、その出来事を経験している自分を愛おしみつつそれに自己病名を付けます（「ええかっこし系全力疾走爆発型双極性感情障害」「感情調節機能障害爆発型」「ピンボケ生活障害」「ええかっこし依存、逆上型コミュニケーション障害」など）。そして、自分にとっての意味や意義を発見するとともに、苦労のパターンに対する新しい自分の助け方を作り出していくプログラムです。宇宙ミーティングの前半は悩みや苦労を小分けして情報公開する時間、後半は話したり聞いたりした生きづらさへの具体的な対処方法を身に付ける時間といえます。

当事者と接することの大切さ

この「場」づくりの源流には私の農村伝道神学校時代の経験があります。一九九一年、横浜・寿町の共同作業所で働く精神障害者を対象に「グループホーム虹」が設立されました。神奈川教区の信徒や牧師たちもこの設立運営に深く関わっています。非常勤職員として神学生だった私に白羽の矢が立ちました。三年間、土曜の午後から月曜の朝まで五名の入居者と寝食を共にし、一週間の出来事や病気や障害などについて、さまざまな体験を語り合いました。この時分、まだ強さや頑張りを志向していた私は、ありのままの姿を発信し合うことの安心感を得

宇宙ミーティングのひとこま（左が濱田裕三さん）

毎週水曜日 18 時から 19 時 30 分

「宇宙ミーティング」プログラムの実際

机を囲みながら丸くなって行う。司会は交代で、まずルールの説明をする（言いっぱなし、聞きっぱなしの会、アドバイスや感想は言わない、ここでの話の内容を口外しない、など）。次に、以下のことをひとりひとり発表していく。

① 1週間の体調と気分
② 1週間の良かったこと、うれしかったこと
③ 1週間の苦労したこと、生きづらさを感じたこと
④ さらに良くする点

最後に報告連絡があれば、情報交換をする。

残りの時間で、「SST（社会生活技能訓練）」というプログラムを行う。SST とは人間関係で困っていることやストレス体験を情報公開し、仲間の応援を借りて、より望ましい関係を築いていく方法や新しいストレス対処方法を身に付ける練習。この手法を学んだ濱田牧師が中心になって行っている。

べてるの家

1984 年に設立された北海道浦河町にある精神障害などを抱えた当事者の地域活動拠点。前身は 1978 年に回復者クラブどんぐりの会の有志メンバー数名が浦河教会（172 ページ参照）の旧会堂を拠点として始めた活動。1983 年、浦河日赤病院の精神科を退院した早坂潔さんをはじめとする精神障害を体験した回復者数名が、浦河教会の片隅で昆布の袋詰めの下請け作業を始め、1984 年に当時浦河教会の宮島利光牧師から、「べてるの家」と命名された。現在は、社会福祉法人浦河べてるの家、有限会社福祉ショップべてるなどの活動があり、総体として「べてる」と呼ばれている。そこで暮らす当事者たちにとっては、生活共同体、働く場としての共同体、ケアの共同体という３つの性格を有しており、100 名以上の当事者が地域で暮らしている。

出版グループ「風の遊び場」が刊行した冊子『ビョーキの世界へようこそ～障害者からのメッセージ VOL.1』

るようになりました。この食卓の心地よさが今でも私を突き動かしています。

ちょうどそのころ出会ったのが精神障害者のコミュニティー、北海道・浦河にある「べてるの家」です。夏期伝道実習先として神学校から最初に紹介されたのがそこだったのです。二回の夏の実習を経て、一九九五年四月、私は浦河教会牧師兼べてるの家スタッフとして赴任しました。ここでの経験がミーティングを始めるもう一つの源流です。

私がべてるの家で働いた一九九五年～二〇〇五年は草創期から拡大期にさしかかる時期でした。関わり始めたころにはもうすでに「弱さを絆に」「三度の飯よりミーティング」など、現在に続く理念を大切にしながら運営されていました。文字どおり、朝から晩まで至る所で絶えずミーティングが行われていたのです。

「べてるの家とは何か」。私なりの言葉で表現すると「和解の実現という希望を志向しながら、弱さを持ち寄り、その弱さを互いの宝とし、流通させる豊かさを持つ場」です。そして、それを具体的に形として表す一つの方法がミーティングなのです。

広島南部教会に私が赴任して程なく始めた宇宙ミーティングは、宣伝をしなかったものの口コミで知れわたり、参加者も増えました。数か月後、役員会は宇宙ミーティングを教会の「公式プログラム」として承認、会場も牧師館から集会室へと変わりました。

この場をリワーク（退院後の職場復帰）のために利用して、再就職した青年たちも生まれました。広島市周辺で精神保健福祉に関わっている人たちともつながるようになり、出版グループ「風の遊び場」設立、「べてる楽会 in 広島」（現「ひろしま当事者研究楽会」）発足へと展開していきました。

課題として問われたこと

人数は少ないながら教会員も参加していた宇宙ミーティングですが、二〇一七年三月末の私の離任と同時に「宇宙ミーティング」は会場を教会から広島市内の公共施設へと変えました（現在はミルキーハウスで行っています）。私は引き続きそちらの方で関わっていますが、教会においては一一年の長きにわたって行われてきた公式プログラムがなくなったことになります。牧師交代とともに、その活動が終わってしまったことに寂しさを覚えます。

教会がこうした弱さを抱える人たちの「場」であり続けることが困難だった理由はいくつかあります。まず、教会員の参加が少なかったことです。それと関連しているかと思いますが、教会員を増やすことや教会財政を良好に保っていくという教会にとって大切なことと、教会が立つ地域の課題、たとえば宇宙ミーティングに集う人たちと共に歩んでいくこととの両立は容易ではなかったということです。

次に、取り組みの継承を教会員に委ねられなかったことです。こうした取り組みは一対一の関係性が求められ、専門性も求められるなど、牧師がその義務を負うことが多いのが現実です。守秘義務もあるため「『弱さの情報公開』の場づくり」とうたっていながら、守秘と公開の加減が難しいことが挙げられます。その結果、教会員たちには「牧師がいわゆる魂の救いの業としてやるべきであって、教会員はそれに立ち入ることもできないし、そうするべきでない」という考えが生じ、「場」の力という発想には至りませんでした。これは私の反省点です。もっとも、こうした問題は牧師観、キリスト観、イエス観の違いにもよると思いますが……。

理由の最後は、牧師の福音宣教のテーマが教会全体のテーマとなり得なかったことです。反省を込めて言えば、牧師が考える宣教課題について、合意あるいは共通認識を得るためには牧師と信徒、信徒同士が丁寧な話し合いをする必要があると思います。「この教会の地域の中での存在意義は何か」「もしこの教会がなくなると誰が困るのか」という問いに答える作業でもあります。

こうした課題を抱えつつ、教会での宇宙ミーティングは昨年度末で終わりとなりましたが、会としてはある程度の成果があったことは確かです。何よりも、私自身がこの会に助けられてきました。追われるような生活の中で、弱さを含めた自分らしさを表現できる場でした。どんな関係の軋《きし》みを体験していても、集う仲間たちと「和解の実現」という希望を志向し続けることができました。離任にあたっては、教会員の参加者たちも「このミーティングがあってよかった」「教会の課題について考えさせられた」と思いを語ってくれました。

この四月から、私は活動の場を地域に移しました。五〇歳という節目を迎えたときから、精神障害のある人への支援を地域で存分にやってみたいとの可能性を模索していました。それが実現の運びとなったのです。和解の実現という希望を志向しながら、弱さを持ち寄り、その弱さを互いの宝とし、流通させる豊かさを持つ「場づくり」を、私自身が身を置く場で続けていきたいと思います。

レスポンス

なぜ「居場所」なのか――「宇宙ミーティング」から考える

石丸昌彦

濱田裕三さんの証しは「居場所」をテーマとして語られました。開始早々、急所とも言える重要なテーマが現場から投げかけられ、驚いたり喜んだりしています。

「居場所」は「生きる場所」と言い換えることができるでしょう。そのような場所をどこにどう確保するかは、今日の精神保健福祉における最大のテーマといっても過言ではありません。当たり前のことのようですが、私たちは最近になってようやくそこに目を向けるようになったのです。「生きる場所がほしいんです」と心細そうに患者が訴えるのを聞くまで、私自身そのことに気づいていませんでした。

居場所をどこに求めたらいいのか

「居場所」は誰にとってもなくてはならないものであるのに、なぜことさら精神保健福祉の急所などと表現するのか、少々説明が必要です。

「はじめに」で、日本の精神科医療が入院に偏重しており、三〇万人近い入院患者数や平均三〇〇日近い在院日数が先進国中異例の大きな数字であることを指摘しました（次ページ図1参照）。けれども精神科医療の実情を知る人々にとっては、なお現実を過小評価する数字と感じられるでしょう。たとえば短期間の退院をはさんで長期間の入院を繰り返している患者などの場合、通算の在院日数は見かけの平均値よりもはるかに長くなるのです。

事実、かつての精神科病院には、若いころに統合失調症にかかって入院して以来、何十年もそこで暮らしている人々が大勢いました。一九五〇年代に治療薬が発明される以前に発病し、治療を受けられずに重い症状が固定してしまったケースもありましたが、それ以上に多いのは、病気の症状は既に安定しているのに、社会の側に退院後の受け皿が見つからないばかりに退院できない人々でした。受け皿の準備を妨げる最大の障壁は、これまた「はじめに」で言及したスティグマ（社会的烙印）でした。

かつてのわが国では今以上に精神疾患への偏見や拒絶感が強く、家庭内に精神疾患の患者が

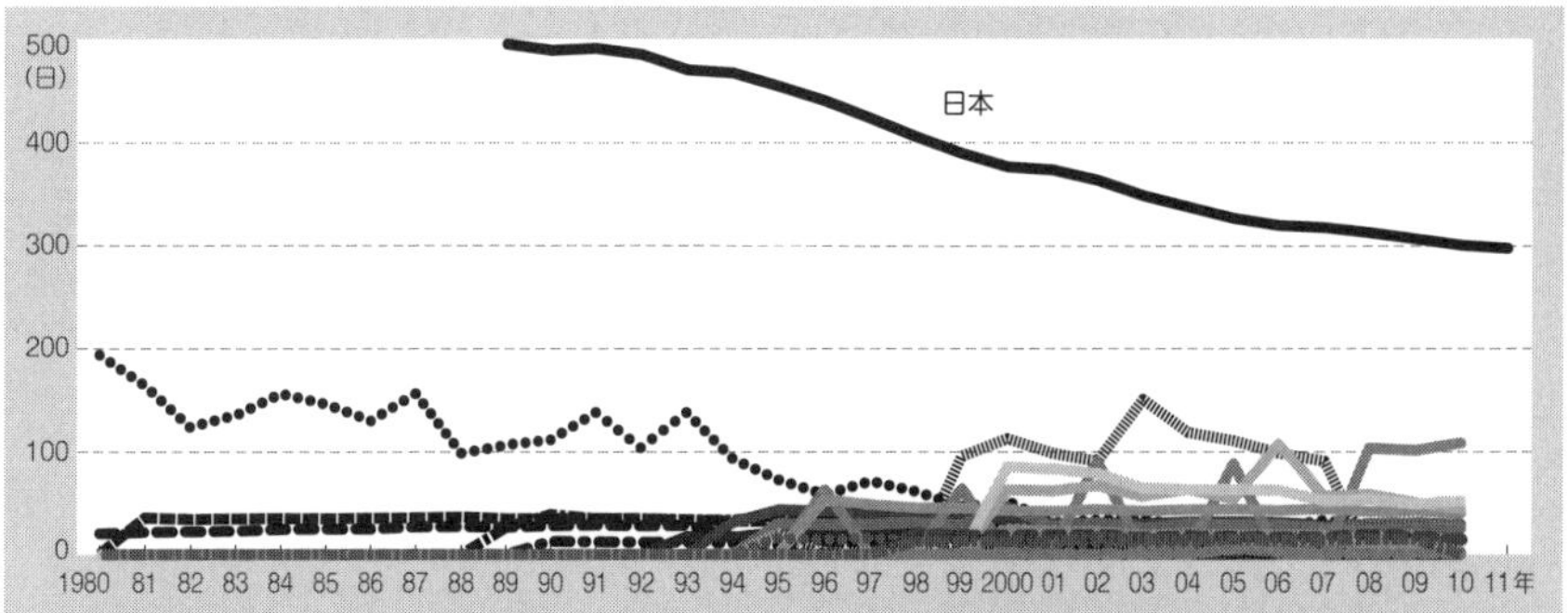

資料：OECD Health Data 2012（日本のデータは病院報告より）　＊日本を除く200日以下の国は以下30か国＝オーストラリア、オーストリア、ベルギー、カナダ、チェコ、デンマーク、フィンランド、フランス、ドイツ、ギリシャ、ハンガリー、アイスランド、アイルランド、イタリア、韓国、ルクセンブルク、メキシコ、オランダ、ニュージーランド、ノルウェー、ポーランド、ポルトガル、スロヴァキア、スロベニア、スペイン、スウェーデン、スイス、トルコ、イギリス、アメリカ合衆国

図1　精神病床の平均在院日数推移の国際比較

いるとわかれば、兄弟姉妹の就職や結婚に差し支えるといったことが事実ありました。それを恐れる家族が、退院した家族の引き取りをためらうことはよくあったのです。大家族の場合、患者の親が健在のうちはまだしも、年を経て代替わりすると引き取るのはなおさら難しくなります。家族に頼らず病院周辺で自活生活を営むことを計画しても、精神科病院の退院患者とわかると入居を断られることも多くありました。そんなことを繰り返して入院が長期化するにつれ、次第に患者さん自身が病院の外に踏み出すことを恐れるようになります。仮に退院できたとしても、周囲の目を気にして自室に閉じこもっていなければならないとしたら、地域社会に復帰したとは言えないでしょう。

病気以外の理由で入院が継続されることを、

わが国では「社会的入院」と呼びます。ドイツではもっとはっきり「病院の誤用」と呼ぶのだそうです。その人数は、二〇〇四年の厚労省の調査で約七万人と推定されました。国はその後一〇年間でこれを解消すると宣言し、さまざまな方策を試みましたが成果はほとんど挙がりませんでした。長い年月を精神科病院の中で過ごし、そこで人生を終える人々が今も数多くあり、この人々にとっては病院の中の世界がこの世における唯一の「居場所」だったのです。

宇宙ミーティングが投げかけること

このような状況を打開して当事者の地域社会への復帰を推進しようとする動きは、わが国ではまだ始まってから日の浅いものです。法律についてみると、一九九三(平成5)年に障害者基本法が成立し、その精神を踏まえて一九九五(平成7)年に精神保健法が精神保健福祉法に改正され、同法の目的として「精神障害者の社会復帰の促進、自立と社会経済活動への参加の促進のために必要な援助を行う」と掲げたことが、遅ればせながら新時代への合図となりました。

けれども「復帰」とは、帰る場所があって初めて成立する言葉です。精神障害者の社会復帰に真剣に取り組む人々にとって最初の、そして最大の課題が「居場所」づくりであったことは、先に述べた事情から理解できるでしょう。金銭的な援助や就労支援も大事ですが、そもそも生きていく場所を地域に確保できなければ、他のことは成立しません。困難で重要なこの課題に真正面から取り組んできたのが浦河の「べてるの家」であり、その流れを汲んだ「宇宙ミーティング」だったのです。

濱田裕三牧師の熱い筆致には、大きな励ましを与えられました。「べてるの家」の活動が注目を集め始めたとき、その画期的な意義や豊かな可能性に誰もが感心したものの、それは「浦河だから」あるいは「『べてるの家』のスタッフだから」できたことではないか、他の地域や日本全国に広げていくのは無理ではないかという声も少なくなかったのです。しかし決してそうではなく、同じように悩む人々が集まるところならば、どこでも同様の「居場所づくり」を起こせることを「宇宙ミーティング」は示してくれています。教会として取り組むことの難しさ、課題は残しつつも果敢で貴重な取り組みであったと思います。

考えてみれば「べてるの家」の活動も、これに先立つ先人たちの営みや成果をしっかり踏まえて成立したものでした。認知行動療法やＳＳＴ（Social Skills Training ＝社会生活技能訓練）の手法は当事者活動の中で存分に生かされ、薬物療法の発達も支えとなっています。当事者が頻回のミーティングを毎日のように繰り返し、無批判の語り合いによってお互いを支え合うという発想は、アルコール依存症に対する断酒会活動の中で鍛えあげられたものでした。その力強い

アルコール依存症者の自助グループ

AA　断酒会

日本にはよく知られている2つの断酒グループがある。1935年にアメリカで始まったAA（Alcoholics Anonymous＝匿名のアルコール依存症者の略）はキリスト教の文化を背景に生まれた会。「12ステップ」と呼ばれるプログラムで断酒の持続を支える。このAAを日本流にアレンジしてできたのが「断酒会」。多少の違いはあるものの、各地域でそれぞれに断酒を助ける役割を担っている。

共通点

●依存者本人が体験談を語り合う
（発言内容についての責任は問われない。もちろん、誹謗中傷などは禁止）
●体験発表は言いっぱなし、聞きっぱなし。アドバイスはしない

相違点

●AAは匿名で参加し、断酒会は実名を明かす
●AAは原則本人のみが参加し、断酒会は家族も参加する

流れを見るとき、「二人または三人がわたしの名によって集まるところには、わたしもその中にいる」（マタイ18・20）という主の約束が確かに果たされていることを知るのです。

若いころの私は、この聖句がいまひとつ腑《ふ》に落ちませんでした。一人で祈るときにも、主が共にいてくださることに変わりはないはずです。ことさら「二人または三人」と主がおっしゃるのは、いったいどんな意味があるのだろうと。

答えを与えてくれたのが、断酒会をはじめとする当事者活動の姿でした。一人では到底なしえないこと、長い間、不可能と信じられてきたこと、アルコ

ール依存症者の断酒と更生という難事を、これらの活動は人々の集いの中で見事に実現してみせたのです。祈りつつ二人、三人が集まるところに奇跡は確かに起きました。奇跡をとおして、主はご自身の臨在を示されます。

宇宙ミーティングが創り出した居場所は、このような奇跡の場でもあったのです。当事者を中心とするこれらの活動の中でキリスト教の信仰と祈りがどれほど大きな働きをしてきたか、これについてはまたあらためて紹介しましょう。

東京二三区の一部では既に「一人暮らし」世帯が「同居者あり」世帯を抜いて最多となっています。このような時代に、「居場所づくり」は障害の有無にかかわらずすべての人々の深刻なテーマであることを最後に付け加えておきたいと思います。

当事者であることの強み——統合失調症と震災をとおして

川村有紀（かわむら　ゆき）
精神保健福祉士
障害者相談支援事務所相談支援員
宮城・日本キリスト改革派仙台カナン教会員

私は中学高校と仙台のミッションスクールに通い、中学三年のころから学校での礼拝の奏楽奉仕をしていました。高校生になるとパイプオルガンに魅了され、「将来はバッハのような教会音楽家になりたい」と音楽科のある大学に進学しました。ところが、そのころから時々、「見張られている」「考えがつつぬけだ」「悪口を言われている」という思いに捕らわれるようになりました。

大学進学をきっかけに、私はオルガンの恩師に導かれて教会に通い始めていました。しかし、その年の夏の終わりに体調を崩し病院に行ったところ、精神科の受診を勧められ通院が始まりました。やがて入院を余儀なくされ、その後も休学・復学を繰り返しました。どんなに気持ちを奮い立たせても体は動かず、本当に苦しくもどかしい時でした。「もう死んでしまいたい」と死ぬことばかり考えることもありました。

そんなときに「あなたがたがわたしを選んだのではない。わたしがあなたがたを選んだ」（ヨハネ15・16）、この御言葉が与えられ、一筋の希望となりました。中高時代の礼拝で先生たちが語った「神さまには人間には計り知れないご計画がある」という言葉が私の体と心に染みわたるような思いでした。半年間の学びの後、二〇〇三年のクリスマスに洗礼を受けました。

これも神さまのご計画？

しかし、大変なのはそれからでした。二一歳のクリスマスも近づいたある日、精神科の閉鎖病

川村有紀さん

棟に二度目の入院をすることになりました。「統合失調症」という診断がついたのもこのころでした。この病気になったらもう就職も昇進も恋愛も結婚も育児も私にはできないんだなと漠然と思い、暗い気持ちになったのを覚えています。

入院は一年五か月に及び、私が毎日ぼんやりと病院のベッドで寝て過ごしている間に周りの同級生は大学四年になり、就職先や進学先が決まったという知らせが私の耳にも入ってきました。「こんな病気にならなければ私だって人並みに仕事や勉強ができたのに……！」こんなみじめな思いも神さまの計画なのかと思うと、悔しさで涙があふれました。

時がたって、何とか退院。医療スタッフの勧めもあり援護寮（宿泊型自立訓練施設）に入所しました。二年目の春に両親に励まされ、通信制の大学で精神保健福祉を学び始めました。人のために、社会のために何かしたいという閉鎖病棟にいたときからの思いを実現する一歩でした。

病を抱え薬を飲みながらの学びは一筋縄ではいきませんでしたが、実習先の障害者相談支援事業所（当時は地域生活支援センター）から「当事者の視点やアイディアを取り入れたいと思っている。病の経験やリカバリー（人々が生活や仕事、学ぶこと、そして地域社会に参加できるようになる過程）の経験も資格と捉えます」と声をかけてもらい、採用面接を受けました。

ところが二〇一一年三月一一日、東日本大震災が発生しました。仙台で被災した私は避難所生活を経て実家に戻りましたが、沿岸部に住んでいた祖父母は津波にのまれ亡くなりました。

ピアサポートとは

ピア（peer）　「仲間、同輩、対等者」という意味

一般に同じ課題や環境を体験する人がその体験から来る感情を共有することで専門職による支援では得がたい安心感や自己肯定感を得られることを言い、身体障害者自立生活運動で始まり、知的障害や精神障害の分野でも定着し始めている。

（「平成27年度社会保障審議会 第71回障害者部会資料」より抜粋）

そんな大惨事の後、四月一日から私は働き始めました。研修を受け、電話や面接の相談に応じるようになり、半年くらいたったころ震災関連の助成金を受けて「こころの元気づくり事業」というリカバリーやピアサポートに関するワークショップを担当するなど、当初は週一日だった勤務日も週四日まで増えました。精神保健福祉士の国家試験にも合格し、仕事に邁進《まいしん》していました。

　仕事に家事に教会の奉仕、さらに当事者活動にも熱心に取り組む日々でしたが、そんな何足もの草鞋《わらじ》を履く生活は私には無理だったのです。疲れが出て体調が悪化して入院、仕事も休職せざるを得なかった時期がありました。皆の信用を失い、すべてが振り出しに戻ってしまうのではないかと恐れましたが、復帰した私に職員も利用者の皆さんも温かい言葉をかけてくれました。現在は週三日に勤務日数を減ら

し、相談支援の仕事をメインにしています。

分かち合える体験、思いこそが

利用者さんから聞く話はとても他人事とは思えず、相手との違いを理解し尊重した上で、可能な限り自らの病の経験、そして今に至る物語を語ることにしています。

たとえば、「薬を飲みたくない」という利用者に対して「薬を飲まないとだめだよ」と忠告をするようでは、その方はますます薬や職員に対して抵抗感を示すでしょう。私に言えることは「私も薬を飲みたくない時がありました。副作用でよだれが出たり、太ってしまったり、だるくなって日中起きていられなかったりして薬飲みたくない、と思ったんですね。副作用止めの薬を出されても今度はその副作用が出てしまったり……。大変ですよね」という自分の体験です。このように私の役割として大切なことは服薬を促すことでも、解決策を与えることでもなく、「共感すること」なのです。

共感は、時に病のことだけではありません。東日本大震災から五年六年たって、あの日のことをぽつりぽつり語る方がいらっしゃいます。私自身、まだこのことを語るには心が整えられていないのですが、経験を分かち合うことがふさわしい場面では自身の震災体験や喪失体験を話すことがあります。同じ体験をしたという当事者同士ならではの関係の深まりがあるように思うからです。

同じ信仰を持つ人たち同士の関わりも大切です。教会や教会関係で出会う精神疾患のある方々、当事者活動の中で時々出会うクリスチャンの方々……。彼ら彼女らとの交わりや祈り合いの時は、本当に感謝であり、励まされています。

身近な人たちに支えられて

これまでの、そして現在の私を身近で支えてくれているのは夫の存在です。仕事を始めた翌年に結婚した夫はクリスチャンではありませんが、同じ改革派の教会にたびたび通っていて、ある青年の集まりで出会いました。私の病気が結婚の障害になることはなかったのですが、私の両親は迷惑をかけるのではと心配していたようです。

夫には本当に苦労をかけたと思います。特に入院前は私が突然大声で泣いたり、被害的な妄想から夫にありもしない疑いをかけたりしたこともありました。にもかかわらず、入院中はよくお見舞いに来て、私が寂しくないようにとぬいぐるみを持って来てくれたこともありました。

さらに、教会の方々には本当に感謝しています。入院中は薬の副作用でよだれがたれたり、

ピアスタッフの活動の効果や意義

2013年アンケート結果

回答者：ピアスタッフ（ピアサポーター、当事者スタッフ等含む）および関心のある者（これからピアスタッフになりたいと考えている当事者、共に働いている専門職者、これから雇用しようと考える専門職者、導入したいと考えている行政職者等）

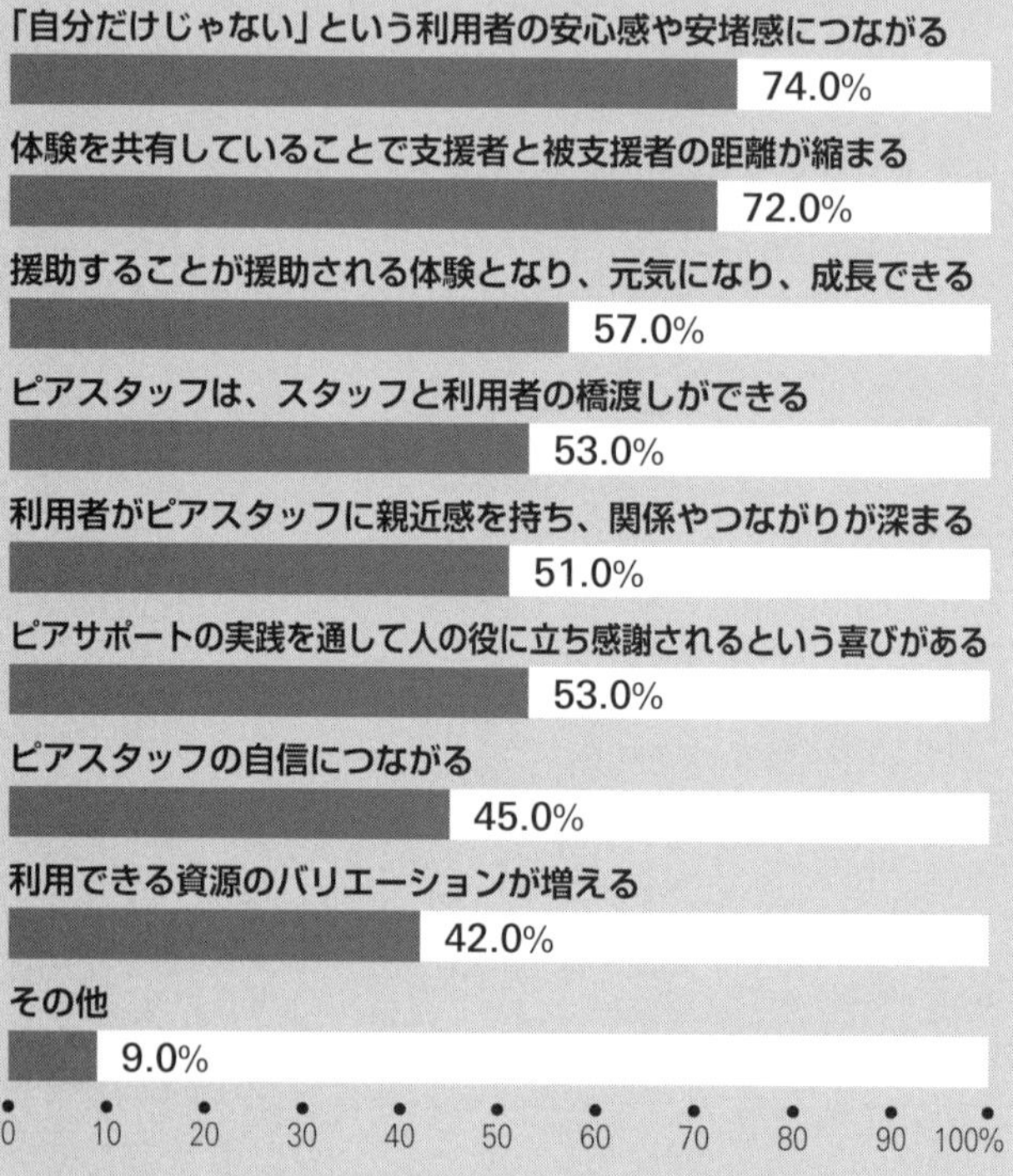

（相川章子「第2回全国ピアスタッフの集いに関する報告書2013」より抜粋）

太ってしまったり、常に眠さとだるさがあったりして、実にみじめな姿になってしまいました。そんな自分の姿を見られたくなく、教会の牧師や信徒の方々のお見舞いをお断りしたときもありました。

それでも、私の体調が比較的良いときにお見舞いに来てお花やお菓子の他に御言葉を書いたカードをくださったり、その場でお祈りをしてくれました。そんなとき、少しだけ現実世界に引き戻されるように感じ、自分がクリスチャンであることを思い出すことができたように思います。

今の仕事をしながら教会で奏楽をしている自分の姿は、一〇年前は想像もしなかったことです。もし病気になっていなかったら……、もし大学を辞めていなかったら……私はどんな人生を歩んでいたのだろうと思うと、少し切なくなることが今でもあります。でも、「神の業がこの人に現れるためである」(ヨハネ９・３)、この御言葉が今、私をここに在らせているように思います。それは病や弱さを抱えているすべての人にも同じことが言えるのではないでしょうか。

病や障害があると世間ではまだまだ偏見の目にさらされ、いつまでもケアが必要な人という目で見られますが、神さまはご計画とともにその人ならではの役割を与えてくださっていると私は思います。今なお、病や障害に苦しむ人々の上に神さまの御業が働くことを切に祈ります。

レスポンス

「傷ついた癒やし人」——当事者による支援の可能性

石丸昌彦

罹患頻度の高い統合失調症

どこから、どのような言葉で語り出したらよいものか、今回は本当に悩みました。川村有紀さんの証しには、それほどの重さが込められていたからです。

「筆舌に尽くしがたい」という言葉があり、「言語に絶する」という表現があります。戦争や被爆の体験、震災や津波など大規模災害の体験はまさしくそのようなものでしょう。私たちの日常言語や乏しい理解をはるかに超えた非日常、非情の現実がそこにあり、理解を超えていることが災害のいい知れない恐怖を増し加えるのです。

私はかねがね、統合失調症の急性期の症状にはこれと似たものがあるのではないかと考えてきました。巨大地震にあって足場を揺るがされ、上下も左右もわからない津波の混乱の中に投げ込まれる、それが人の内面で現実に起きると考えたら、この病気の特異なつらさが了解しやすくなるのではないでしょうか。

それは私たちの日常言語の射程におさまりきらない体験に相違なく、統合失調症の当事者による体験記があまり書かれない理由の一つが、そこにあるのではないかと思います。

川村さんは病気を自ら体験し、大事なご家族を津波で亡くされました。けれども、そうした体験自体を語る代わりに、そこからの回復の困難な足どりを素直に淡々と綴られるのです。そこに感じられる、気負いもてらいもない率直な透明感といったもの、それは私自身がこの病気の多くの患者さんの中に繰り返し見いだしてきたものでした。感銘を受けるとともに、どこか懐かしい気持ちになりました。

統合失調症という病気の概略を書いておきましょう。それは平均して一〇〇人に一人近くが罹患する頻度の高い病気であり、特定の人だけでなく誰にでも発症の危険があるものです。おもに一〇代から二〇代の若いころに初発し、幻聴や被害妄想、自発性の低下などさまざまな症状が出没して、一進一退を繰り返しながら慢性的に経過するのが特徴です。全国で約三〇万人に及ぶ精神科の入院患者のうち、六〇％近くは統合失調症であることが報告されており、昔から精神科医療の中では極めて重要な病気でした。

とりわけ強調しておきたいのは、二〇世紀半ばにこの病気の治療薬が開発され、それ以来この病気の予後が劇的に改善されたことです。今では大多数の患者が、適切に薬を使って症状をコントロールしながら社会復帰を果たしています。

ただ、そこには副作用による困難をはじめとするさまざまな苦労があって、闘病という課題が絶えず患者さんを圧迫するのです。当事者の連帯、同信の絆、家族の支えなどが、どれほど望まれることでしょうか。

以上の粗雑な要約に出てきたすべての要素が、川村さんの証しの中で具体的に述べられています。彼女の足どりは、七〇万人とも八〇万人ともいわれる統合失調症の患者さんの象徴とも言えるものです。

患者さんの数だけ個別の人生がある一方、患者さんのすべてに共通する困難があります。共通の困難に対する川村さん固有の克服の試みが、「精神保健福祉士として精神障害者の支援に携わる」という選択でした。この決断と勇気に、目を見張りました。

受けた傷の痛みをどうするか

レスポンス　「傷ついた癒やし人」

「傷ついた癒やし人（a wounded healer）」という言葉があります。元々はユング派の心理学に由来する概念のようですが、オランダ出身のカトリック司祭ヘンリ・ナウエンの著書（『傷ついた癒し人――苦悩する現代社会と牧会者』一九八一年、日本キリスト教団出版局）が訳されて以来、年ごとに注目が集まってきているようです。

「傷ついた癒やし人」という言葉を聞く時、私にはあるイメージが浮かんできます。傷ついた人を健康な人が世話するというのは昔ながらの当然の形、これに対して、自分も傷ついていながら、あるいは自分が傷ついているからこそ、自分もまた癒やす行為に関わっていこうとする姿です。それはとりわけ心の悩みや精神疾患に関連する領域に親和性が強く、ピアサポートなどの中で静かに定着しつつあるように思われます。

ある大学で教員を勤めていたころ、入学試験の面接の場でこうした主張に出会うことがよくありました。二〇歳前の若い志願者たちが中学・高校時代のつらかった体験を積極的に開示し、「そんな経験があるからこそ人の痛みがわかる、それを生かしてカウンセラーやソーシャルワーカーとして役立ちたい」と訴えるのです。

若い人たちが「過去の傷つき」について語ることは痛ましく、それを前向きに生かそうとする姿勢が頼もしく思われるものの、そこには別の懸念もありました。

ピアサポートとは異なる職業的な援助関係の中では、相手を援助しようとするなら自分が安定していなければなりません。完全に安定していなくてもよいのですが、相手の動揺を受けとめて倒れずにいるだけの、心の腰の強さは必要です。そうでなければ一緒になって動揺し、共倒れしてしまう恐れがあるでしょう。事実、入学後の実習などでそのようにつまずく学生が少なからずあったのです。

川村さんの証しに触れて私が最も感銘を受けたのは、実はその点でした。決断し選択した勇気にも増して、病の困難を抱えながら援助者の姿勢を保ち続けた忍耐と努力に感嘆するのです。当事者であることが「強み」になるまでに、どれほど長い闘いがあったことか。「こんなみじめな思いも神さまのご計画なのか」と問うて流した悔し涙は、苦難を経験した人だけが知る苦い味がしたことでしょう。

しかし彼女は負けなかった。何度ダウンを奪われてもノックアウトされることなく立ち上がりました。その陰には自身の工夫と節制があり、ご家族はじめ関わる人々の支えがあり、そして教会をはじめとする皆の祈りがありました。


「傷ついた癒やし人」という言葉から思い浮かぶもう一つの連想、それは十字架のキリス

レスポンス 「傷ついた癒やし人」

編集部オススメ

精神障害のある人同士の友情に乾杯！

歓びのトスカーナ

監督：パオロ・ヴィルズィ
出演：ヴァレリア・ブルーニ・テデスキ、ミカエラ・ラマッツォッティ
原題：LA PAZZA GIOIA／2016年／イタリア・フランス合作／イタリア語／116分／カラー／シネスコ
配給：ミッドシップ
後援：イタリア大使館、イタリア文化会館
DVD販売元：TCエンタテインメント
© LOTUS 2015

●ストーリー

光が降り注ぎ、風が抜け、緑にあふれるイタリア中部のトスカーナ。そんな場所に精神障害者のグループホームがあった。虚言と妄想癖で周りを振り回してばかりのベアトリーチェ。そして過去の出来事から自分を傷つけてばかりのドナテッラ。ひょんなことから施設を抜け出した2人は、一緒に旅を続ける中、時に衝突しつつもかけがえのない友情で結ばれていく。人生で大切なのは、少しの休暇と女同士の友情。そんな時間と友情を得た2人に、天はささやかな贈り物をするのだった。

●解説

イタリアは精神科病院を原則、全廃した世界で唯一の国。そのイタリアが放つこの映画の原題『LA PAZZA GIOIA』は直訳すれば、「狂気の快楽」。pazza は名詞としての意味は、ずばり「狂人」。日本ではタブーの言葉だ。それをイタリア人は連発し、映画のタイトルにも使ってしまった。しかし、これは差別的なのではない。イタリア精神保健改革の父、精神科医のフランコ・バザーリア（1924～1980）は「すべての人間は理性と狂気を併せ持っている」と語った。この「狂気は万人の心に宿っている」という考え方こそ、狂気や狂人をタブー視しない社会の原点ではないだろうか。

（大熊一夫氏の解説より再構成）

トの姿に他なりません。「彼の受けた傷によって、わたしたちはいやされた」（イザヤ書53・5）。この言葉は私たちの罪の救いについて語られたものですが、病の癒やしと重ねて読むことも許されるだろうと思います。苦難が与えられているのは「神の業がこの人に現れるためである」（ヨハネ9・3）と主ご自身がおっしゃるのですから。

言葉で伝えることのできない苦難に直面したすべての人にとって、川村有紀さんの証しは希望と励ましを与えるものとなることでしょう。主が共にいてくださいますように。

福祉と教会をつなぐ試み――就労支援の現場から

最上　義（もがみ　ただし）
就労移行支援事務所シャローム所沢・
シャローム和光主宰
埼玉・所沢みくに教会員

私は長年、不動産分野での裁判外紛争解決事業や、各種専門業界の産業教育及び人材育成事業に従事してきました。二年ほど前から障害のある人のための就労支援に取り組むようになり、現在、埼玉県の所沢市と和光市において、就労移行支援事業所（障害のある人が仕事をする上で必要なスキルなどを身につける職業訓練のほか、面接対策などをとおして就職活動をサポートする福祉サービス）「シャローム所沢」「シャローム和光」を運営しています。実は、私は本来このような場で精神障害について何かを語れるような特別の知識や経験を有しているわけではありません。むしろ、精神障害というものについて、つい最近まで全く無理解かつ無関心に過ごしてきていた者であることを初めに告白しなくてはなりません。

　そのような私が、障害のある人の就労支援に取り組み始めたのは、数年前に母教会で起きた、ある青年の自死がきっかけでした。彼はうつ病を患っており、仕事に定着することができず、日々悩んでいて、私は時折その相談に乗っていました。ある朝、私が仕事に出かけるときのこと、地元の駅で彼とばったり会いました。急いでいたこともあり、軽く挨拶をしただけでしたが、その晩彼から電話がありました。「朝のタダシさんがすごくカッコよかった。でも、タダシさんを見て自分がとてもみじめに思えて悲しかった」と。

　しかし実際私はそのとき、仕事の重圧と過労で毎日憂鬱《ゆううつ》な日々を過ごしていました。暗澹《あんたん》たる思いで仕事に向かう自分をカッコいいと言ってもらえたことを素直に喜ぶ気にはなれず、「働いている人だって苦労してるんだよ。自分以外の人がよく見えるか

最上義さん（前列中央）とシャローム所沢の支援スタッフ

もしれないけれど、みんなそれぞれ悩みを持ってるんだよ」と、軽く彼の言葉を受け流してしまいました。彼の悩みに向かい合う心の余裕が、そのときの私にはありませんでした。二日後、彼は自死しました。

後になって身内の方から、彼の死は突発的なものであり、その原因が全く別のところにあったことを知らされましたが、死の直前に打ち明けられた彼の悩みは私の心に重く残りました。「彼は私の言葉をどのように受け止めたのか」「電話を切った後、彼がどのような思いで、その二日間を過ごしていたのか」「あのとき、私はどうすればよかったのだろうか」と。

キリスト教的なアプローチ

その後、仕事上のとあるきっかけと、また、すばらしい人たちとの出会いにより、現在の就労移行支援事業所の立ち上げに至りました。私は事業所の準備をしながら、自分の所属する教会をはじめ地元のいくつかの教会を訪ねて回り、教会と連携しながら障害のある人を支援していきたいという話を持ちかけました。教会に来る精神障害のある人を事業所が受け止め、一方で、事業所に来る人を教会としても受け止めることができないだろうか、そんなことを考えていたのです。

しかし、話をしたある牧師から冷静な指摘を受けました。教会という立場で考えたときに、その中心にあるのはやはり礼拝であり、その本質が「神さまの下に集う」「神さまのみ言葉を聞く」というところにあることを忘れてはならないということでした。教会の社会的活動の一環として、そしてまた地域に開かれた教会として障害のある人々を支援し、その居場所を作るということはとても大切な働きではあるが、教会に与えられた役割とその機能、また受け入れる能力を考えつつ、教会として何をどこまでできるのかは丁寧に考えなくてはならないということでした。

そうしたことを考えるとき、「シャローム」にはクリスチャンの支援スタッフが多くいることを心強く思います。支援スタッフをクリスチャンに限定はしていませんが、困難を抱えた人への奉仕の姿勢や、最終的には神さまの御心に委ねるといったクリスチャンとしての共通の感覚を支援の根底で共有できることは、大きな安心感につながっています。

教会につながるとは?

とはいえ、公的事業を請け負っている側面もあり、私たちは宗教的側面を表に出すことはしていません。ただ、個々の支援スタッフと利用者との関わり合いの中で、キリスト教的なアプローチがなされることがあります。また、イベントで教会の施設を借りたり、牧師や宣教師に講話をお願いしたりすることもありますので、利用者が教会的な空気に触れる機会は多いと思います。教会に興味を持つようになった利用者もいて、既に何名かが時折教会に通うようになりました。ただ、教会の中でもそうした人に積極的にアプローチをするのは大概決まった教会員で、多くの教会員は気持ちでは受け入れていても、なかなか具体的な態度に表すことはできないでいます。精神障害のある人たちが教会につながっていく、それは大変すばらしいことなのですが、一方で教会に大きな負担をかけることが明白であろうと思われる方が教会に興味を示したとき、教会に行くことを勧めてよいものか、非常に悩むことがあります。

一昨年参加した、埼玉のある教会で行われた障害のある人の集いで、忘れられない事件が起こりました。屈強な体格をした青年が参加していたのですが、感情のコントロールが困難なのか、会の終了後に他の参加者に暴言を吐き、若い女性の参加者に執拗《しつよう》に付きまとい、怒鳴りつけるなどして、皆を怖がらせていました。私は彼をなだめて外に連れ出したのですが、私のアプローチがまずく、彼を激高させてしまい、殴りかかられてしまう一幕がありました。

ちょうど、その集いの講演者は本書の監修者である石丸昌彦先生でした。お話の中で石丸先生は、教会と障害のある人との関係について、「皇帝のものは皇帝に、神のものは神に返しなさい」（マルコ12・17）という聖句になぞらえ、「教会のものは教会に、医者のものは医者に」と示唆されました。自分の未熟さを突き付けられて打ちのめされたその帰り道、私はずっとその言葉を思い起こしていました。

愛を持って接することができるか

「健常者」にもいろいろな人がいるように、精神障害のある人にも本当にいろいろなタイプがあります。優しくて気の弱い人、理屈っぽくて頑《かたく》なな人、怒りっぽくて乱暴な人……。「シャローム」に通うある利用者は極めて怒りっぽく、周囲の善意をすべて悪意で捉えてしまい、ひどい暴言と振る舞いでスタッフや他の利用者を威圧する態度を取っていました。再三の面談や説得もむなしく、改善の兆しも見られない中、他の利用者が怖がって事業所に来られなくなってしまう事態に至り、私たちはついに彼を退所させる決断をしました。

ある日玄関先で彼を待ち構え、近くの喫茶店に連れていき、憮然《ぶぜん》として腕を組む彼にその旨を伝えました。私は内心では殴りかかられることも覚悟していましたが、意外にも彼はポロポロと涙をこぼし始めました。「暴言を吐かなければ、いてもいいですか？」と涙ながらに問いかけてくる彼を見て、そのとき私の中で初めて彼に対する〝愛おしい〟という気持ちが生まれました。義務感でも使命感でもない、ただ純粋に「この人を何とかしてあげたい」という衝動に駆られたのです。

事業所としては彼を受け入れることはできないので、近くに彼のためのアパートを一室借りて、支援の統括スタッフに頼んで個別訓練を始めました。そのスタッフの献身的な働きが実り、三か月ほどの訓練を経て彼は事業所に戻ることができました。そして、にこやかな笑顔が見られるようにもなったのです。スタッフ一同、感激し、喜びました。しかし、障害とはそのように甘いものではなく、その後彼の症状はさらに悪化し、以前よりも難しい状況に陥っています。

教会に行くことを彼に勧めれば、興味を持つかもしれません。しかし、地域の福祉施設や公的機関でも受け入れが困難である人を、教会の善意だけで受け止めきれるとはとても思えません。「教会につながる」と言っても、実際には教会そのものよりも、その人に向き合うことのできる一部の教会員につながるケースが多いように思います。「教会につなげる」ことが、結局はその一部の教会員に過度の負担を強いることになってしまわないか。またその一部の教会員が将来その教会を離れたときに、その人はなお教会につながり続けることができるのか疑問が残ります。

私の中で、利用者を「教会につなげるケース」かどうかを判断するのに、まだ明確な基準はありません。しかし、先述の牧師から言われた、「教会は神さまの下に集う所、神さまのみ言葉を聞く所である」ということを、その人が理解し、さらにそれを求めているかどうか。教会にいる人に頼るのではなく神さまに頼る思いがあるかどうか。教会員ではなく教会につながることができるか。そこを見据えることが大切だと感じています。

件《くだん》の彼については、今また病院や地域の関係機関と協議を重ねています。しかし、どのような形になるにせよ、私たちは彼の乱暴な言動の奥にある、かつて彼に見た〝愛しさ〟を見失うことなく、彼に最も良い道を見つけられるよう神さまに祈りつつ、共に成長していきたいと願っています。

レスポンス
医者のものは医者に――精神障害のある人を受け入れるとは

石丸昌彦

最上さんは冒頭で、自分は「精神障害について何かを語れるような特別の知識や経験を有しているわけではありません」とおっしゃいます。人柄の伝わる謙虚な言葉ですが、逆に考えさせられました。精神障害について語る資格を人に与えるものは何なのでしょう？　精神疾患についての知識や援助の経験でしょうか。知識や経験が必要であり有用であるのは事実だとしても、それで十分でしょうか。

『パラダイム・ロスト』（ヒーザー・スチュアート他著、二〇一五年、中央法規出版）という本を仲間たちと訳したことがあります。精神障害にまつわるスティグマ（社会的烙印）克服運動の世界的なリーダーらが実践経験を定式化したもので、従来の誤った通念を一一か条にわたって列挙し、誤りを指摘する内容になっています。そのような誤った通念の一つが「精神疾患に関する知識が増せばスティグマはなくなる」というものでした。

実際、精神疾患を正しく理解するためのキャンペーンが、欧米の多くの国々において展開されてきましたが、期待に反してそれらは人々の精神障害に対する閉ざされた態度を変えることができませんでした。知識があるだけでは人の態度や行動は変わらないのです。この苦い教訓を聞くとき、私は使徒言行録17章32節に記されたアテネの人々のことを思い出します。「死者の復活ということを聞くと、ある者はあざ笑い、ある者は、『それについては、いずれまた聞かせてもらうことにしよう』と言った」。

知識だけでは人の態度は変わらない、それではどうすればよいのでしょうか。前掲書はひとつの答えとして、「出会いの経験」を挙げています。たとえば一〇代の若者たちは、経験や知識の不足から精神障害のある人への無理解や誤解を抱えていることも多いのですが、実際に障害のある人々と出会う体験を持つことで、劇的に変わる可能性もまた大きいことが指摘されています。

べてるの家のスローガンの中に、「差別偏見大歓迎」というものがありました。一見驚きますが、その真意は「差別や偏見を批判しながら遠巻きに見ているよりも、今の思いのままで構わないからともかく来て見て会ってください」という趣旨であろうと思います。

就労支援は「生きる場所」や「暮らす仲間」とともに貴重な「働く術《すべ》」に、人々を接続することを目指します。その成果は近年、上がりつつあります（次ページ図1、図2参照）。体当たりの交わりの中で、必要な経験や知識は自ずと与えられることでしょう。勇気をもって実践に踏み出した最上さんのような方こそ、語る資格を十分にお持ちのはずだと私は思います。

「皇帝のものは皇帝に……」の真意

最上さんが書かれた、障害のある人の集いのことは私もよく覚えています。最上さんだけでなく私もまた、講演の中では精神障害に対する開かれた態度を訴えながら、会場で激高する男性をなだめることができませんでした。大きな悔いが残りました。

「教会のものは教会に、医者のものは医者に」、私は確かにそう言いましたし、それは「皇帝のものは皇帝に、神のものは神に返しなさい」（マルコ12・17）という聖句を踏まえたものでした。これには説明が必要です。

精神疾患と信仰の関わりの中で起きがちの問題として、二つの類型があることを以前から感じていました。

その一つは信心深い人にありがちの行きすぎで、「心の問題は医者や薬に頼らず、祈って治

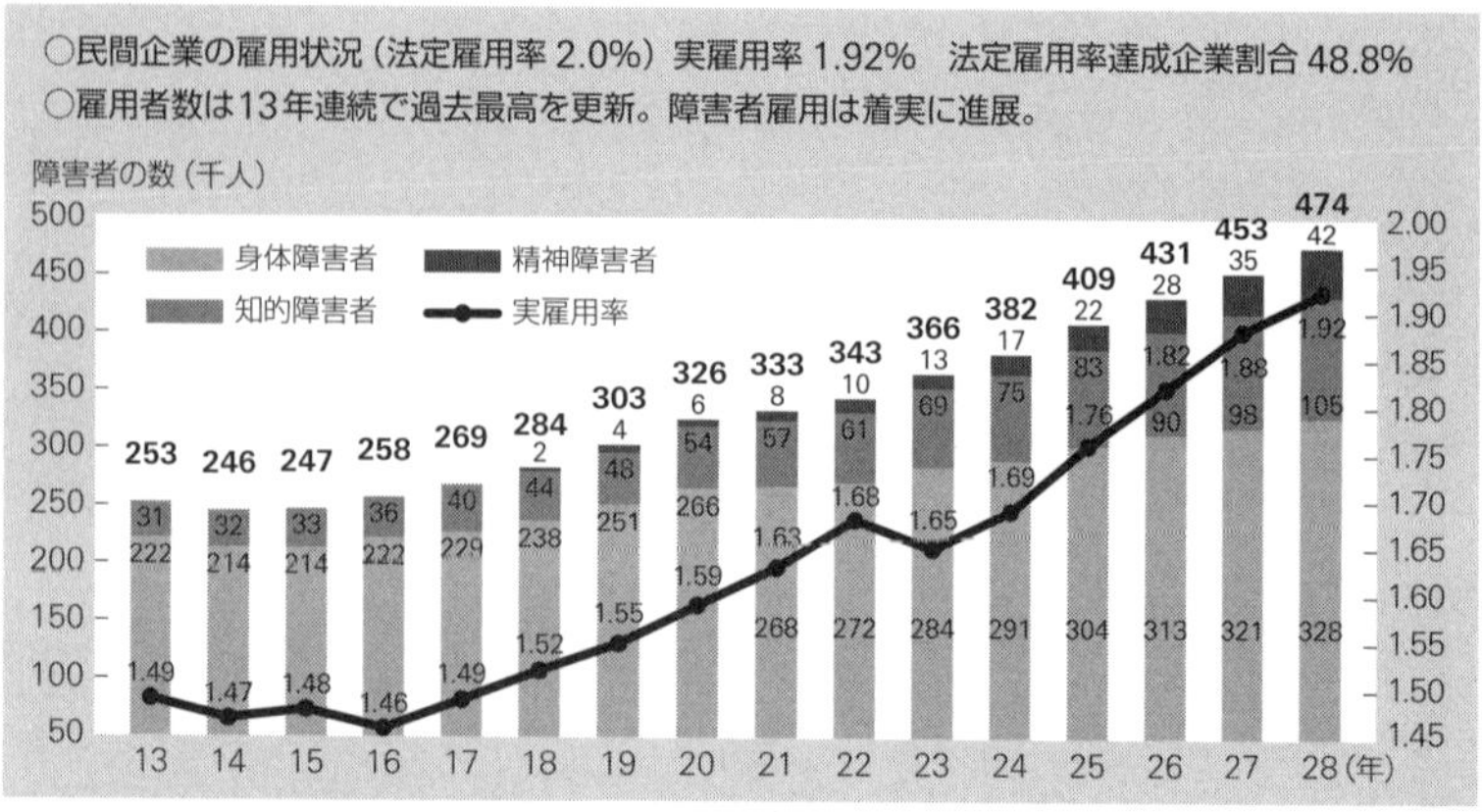

図1　障害者雇用の状況（平成28年6月1日現在）

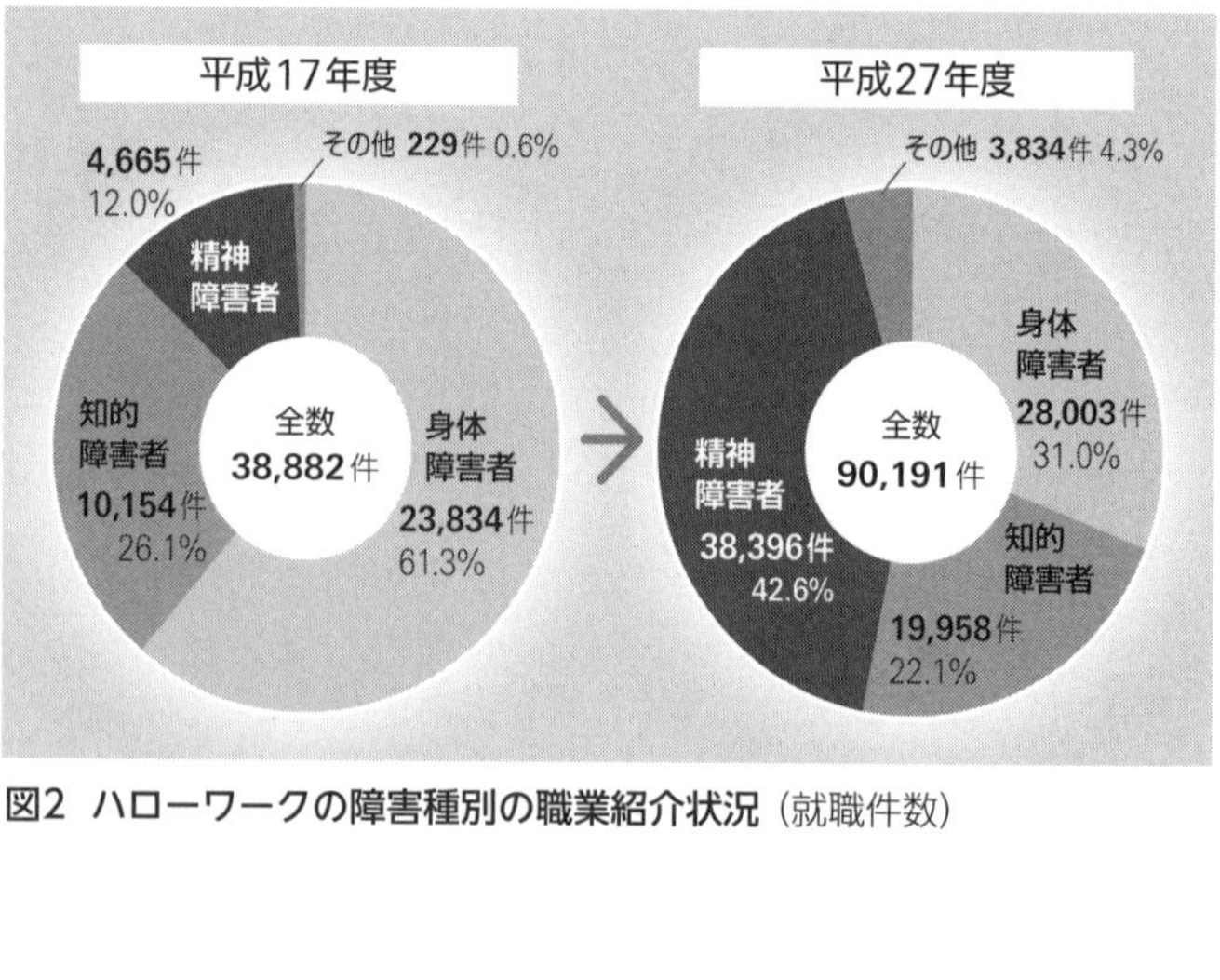

図2　ハローワークの障害種別の職業紹介状況（就職件数）

しなさい」などと勧め、精神障害のある人の医療へのアクセスを閉ざしてしまうことです。なるほど、心の問題の中には祈って解決すべきものもたくさん含まれていますが、本格的な精神疾患に関しては医療の助けが必要です。統合失調症を祈って治しなさいというのは、肺炎や胃がんを祈って治しなさいというのと同じぐらい無謀なことです。

もう一つは今でも医師などの中に見られがちの対照的な誤解で、「宗教は非科学的なもので治療には有害無益だから、健康になりたければ教会通いは止めなさい」などと指示するものです。その誤りについて、ここで説明する必要はないでしょう。

こうした両極端の間違いを避け、魂の健康は教会に委ねつつ必要な医療を活用していけるようにと思いついたのが、主イエスのお言葉を借用することだったのです。第一の誤りについては、「医者のものを医者に」、第二の誤りについては「教会のものを教会に」、それぞれ正しく返すべきことを訴えたかったのでした。

そういう趣旨ですから、あの日の出来事を最上さんが「自分の未熟さを突き付ける」ものとして受け止めたとしても、それは決して嘆くべきことではありませんでした。精神障害のある人々を受け入れる作業は医者に返して済むものではなく、医者であればうまくいくというものでもありません。あのときはうまくいかなかったとしても、最上さんはじめ皆さんの努力は決して無駄ではなかったはずです。

問われる教会の在り方

精神障害のある人を教会につなげようと考えていた最上さんにある牧師が冷静に指摘しました。「教会の本質は、神さまの下に集うことであり、神さまのみ言葉を聞くところにある」。もとよりそのことに異論はありませんし、本末転倒を犯すことがあってはなりません。ただ実際には、その人が本当に神さまを求めているのか、それとも社会参与や居場所づくりの手段として教会を利用しようとしているだけなのか、その区別はとても難しいでしょう。

若い日に自分自身が教会通いを始めたころ、私は自分が何を求めているかわかっていませんでした。人騒がせな若者がそこに置いてもらえたのは教会の人々の寛容ゆえであり、私自身も礼拝の間だけはおとなしくして迷惑をかけないようにしていました。そんな自分と、右も左も分からぬまま教会にたどりつく障害ある人々と、それほどの違いがあるでしょうか。そして、何をどこまで許容できるかは、教会の在り方にも関わることです。

私の所属する教会に、一人の男性が出席するようになりました。幻聴があるらしく、礼拝中ときどき声を出すのが会堂の反対側まで聞こえます。驚いて振り向くと、ある教会員の笑顔にぶつかりました。彼女は男性の隣に座り、彼が声を出し始めると何かそっとささやきます。すると男性はあわててうなずき、しばらくは静かになるのです。やがてまた独り言が始まり、すると女性が笑顔でたしなめます。彼が来るときには彼女は必ず隣に座り、根気よくこのやりとりを繰り返しました。

同じころ、この男性は駅前で不思議な踊りを踊ったり、近くの喫茶店に長居したりして人目を引いていましたが、やがてふっつりと姿が見えなくなりました。一人暮らしの自室で亡くなっていたことが、風の便りに伝わってきました。

「今ごろきっと、神さまの前で踊っているでしょう」、いつも男性の隣に座って彼を見守っていた彼女が、涙を拭きながら言いました。「騒がしくするなら、ここにいてはいけません」、そんなふうに彼を追い立てなくて本当によかったと思います。わずかの間であり、ほとんど言葉を交わすこともできませんでしたが、この男性は確かに私たちの教会を通って天の国に旅立ったのでした。

カミングアウトしてよかった――アイデンティティーの尊重を

松尾　親（まつお しん）
埼玉・カトリック所沢教会信徒

上昇志向で頑張った揚げ句に

気分の波は高校のころからありました。埼玉の県立高校三年生の二学期の終わりから三学期にかけて長期欠席して、大学受験どころではありませんでした。高校はお情けでなんとか卒業させてもらいましたが、大学はどこも受けずに浪人となりました。一浪して地方の国立大学に入りましたが、今度はテンションが高くなりました。野心家の父の影響もあり、卒業後は大学院に入ることを目指し、一生懸命勉強しました。研究職に就きたかったのです。しかし、卒業論文を書き終えると燃え尽きてしまい、大学院進学は断念しました。

キリスト教との出会いはそんなときでした。遠藤周作の『わたしが・棄てた・女』という本に出会ったのです。私は、この小説の男性主人公と同様に、自分の出世しか考えていなかったこれまでの自分に妙に後ろめたさを感じ、もっと違う生き方があるのではないかと模索し始めました。

大学卒業後、二年間のモラトリアム期間を経て、輸入書籍の会社に就職しました。モラトリアムの間、遠藤文学を読み、聖書も読んでいたので、キリスト教に対する関心は強くなっていました。そんなとき、会社の先輩にカトリックの人がいて、教会に連れて行ってもらいました。それから地元の教会に通うようになり、二七歳のとき、洗礼を受けてキリスト者になりました。

そこでめでたしめでたしと言いたいところですが、洗礼を受けたらうれしくてテンションが高くなりました。会社の仕事も教会の奉仕も全力で取り組むのが神から与えられた使命と勘違いして、毎日全力で働き、全力で教会で奉仕しました。夜は八時まで会社で働き、そのあと教会に九時に出勤（?）して、夜一一時まで週報などのお知らせの作成や印刷をしていました。

そんな生活を半年余りしているうちに、私は精神に変調をきたしました。仕事も奉仕も喜んで全力を尽くしていたはずなのに、「自分はこんなに頑張っているのに、他の連中は何をやっているんだ!?」という怒りの気持ちに変わっていったのです。程なく、何をするのもおっくうになり、考えがまとまらず仕事をするにも何から手をつけていいのかわからなくなってしまいました。

普段は五分でできる仕事が二時間たっても仕上がらず、「これでは病院に行かなければ」と思い、受診に至りました。診断名はうつ状態で、抗うつ剤を処方してもらい、休職するように言われました。診断名を告げられたとき、これでもう仕事ができないことは「怠け病」ではないのだとホッとしました。現在の診断名は双極Ⅱ型の躁《そう》うつ病で、自立支援医療制度により医療費補助を受けながら通院しています。

当事者であることを隠す苦しさ

発症当時勤めていた輸入書籍の会社は精神疾患に対する偏見はほとんどなく、直属の上司は「こういう病気はアイディアマンがなるんだよね」と言ってくれました。そして私の希望と病状に配慮し、配置換えをしてくれました。そのため、その会社には通算九年勤めることができました。

結婚を機に妻が福祉職だったこともあり、福祉の仕事を志すようになりました。自分が当事者の端くれである精神障害関係の仕事がよいと思い、通信教育で精神保健福祉士の資格を取り、精神障害者の作業所に就職しました。

雇用義務と法定雇用率の改善
(改正された「障害者の雇用の促進等に関する法律」2018年施行部分)

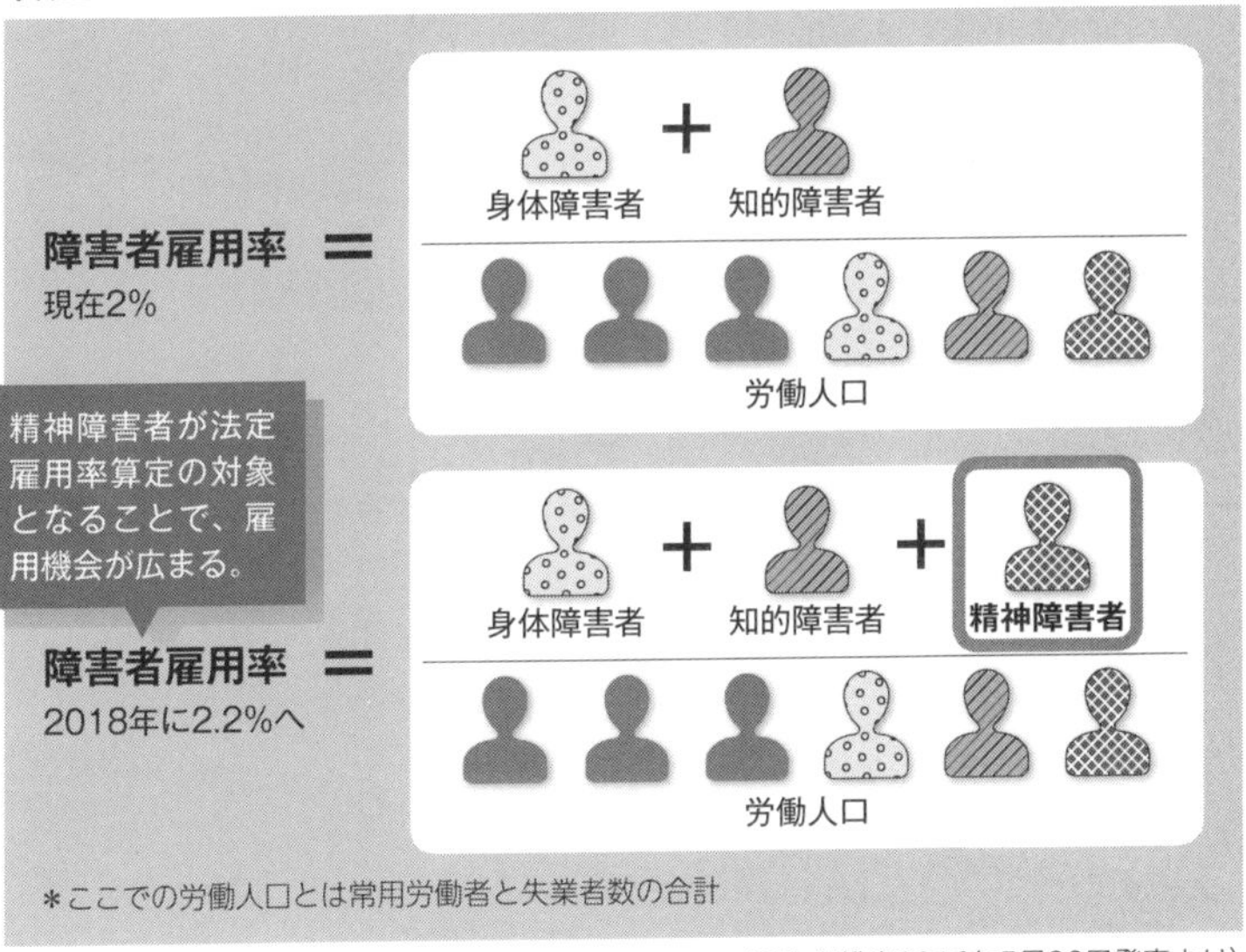

(厚生労働省2016年5月30日発表より)

採用面接では、精神障害があることを開示しました。ところが、現場では私が当事者であることを極秘にするように理事長から命じられたのです。「スタッフに当事者がいると、利用者が自分もスタッフにしてくれと言い出すので困る」というのが理由でしたが、納得がいきません。しかし生活がかかっているので辞めるわけにもいきません。極秘にするのはとても窮屈です。例えば利用者さんに「薬は医者の言うとおりに飲まなくちゃいけないんですか？」と尋ねられたとき、自分が当事者であることを開示できるなら自分の服薬体験を交えて柔軟な対応ができたはずなのに、言ってはいけないの

2016年4月1日に改正・施行された「障害者の雇用の促進等に関する法律」

改正のポイント

Point1
雇用の分野での障害者差別を禁止
障害者であることを理由とした障害のない人との不当な差別的取り扱いが禁止されます。

Point2
雇用の分野での合理的配慮の提供義務
障害者に対する合理的配慮の提供が義務となります。

Point3
相談体制の整備、苦情処理、紛争解決の援助
障害者からの相談に対応する体制の整備が義務となります。
障害者からの苦情を自主的に解決することが努力義務となります。

(「厚生労働省リーフレット」より一部抜粋)

で、専門家の仮面をつけて教科書的な答えをするしかありませんでした。

そんな窮屈な職場も六年で辞めることになりました。前任者が毎日一二時間働いている部署に転任を命じられたのですが、私がそんなに働いたら再発は目に見えているので、同僚に開示して八時間勤務で済むようにしてもらったのです。ところが、それが理事長には気に入らなかったようです。「あなたはしゃべったから、別のところに異動させて給料を下げる」などと言われました。抗議したところ、パワーハラスメントが始まり、結局辞めざるを得なくなりました。

今だったら、二〇一六年四月に障害者差別解消法と同時に施行された改正障害者雇用促進法により、このような差別は禁止されているはずですが、当時はまだ施行されておらず、労働争議に持っていくのは困難でした。それでも個人で加入できるユニオン(労働組合)

に入り交渉しようとしたのですが、交渉は根気が要ることで、その間もパワハラは続き、どうでもいい気分になってしまいました。ユニオンの人からは、パワハラ発言があったときは証拠として、メモを取っておくように助言されましたが、そうするとそのときの嫌な気分がフラッシュバックしてくるので、できませんでした。福祉事業者のほうが一般企業より偏見があるのはおかしな話です。

躁うつ病は自分にとって恵み

その後、出版社で精神保健福祉関係の雑誌の編集者を三年ほど務め、現在は充電中でフリーです。薬を飲みながら、いい状態をキープしています。とはいえ、やろうとしたことがやる気が起きずになかなかできなくて自己嫌悪に陥ったり、昔の嫌なことを思い出していらついてしまったり、怒りの感情がうまくコントロールできなくなることもあります。そういうときは、「自分もキリストを生きる者としてむやみに人に怒りをぶつけてはいけない」と自覚して、できるだけ穏やかにしようと努力はするのですが、たまに我慢の限界を超えて家族に当たり散らしてしまうことがあります。

ちなみに「結婚時に服薬していることに奥さんはどのような反応をしましたか?」と時に尋

ねられることがあります。通院服薬を告げたところ妻は「私の祖母は躁うつ病だったけど、それに比べたらあんたは軽いよ」と言っただけでした。妻は私に対する偏見は一切ありません。その代わり、同情も一切ありません。一人娘についても同様です。

あとは軽躁状態で気分がよくなり、物事に熱心に取り組みすぎた末に燃え尽きることもあります。また、軽躁状態のときはストレートにものを言う傾向があるので、知らないうちに悪気なく人を傷つけてしまうことがあります。そのため、寛解状態の維持にはセルフケアも必要です。

現在、私は合気道に打ち込んでおり、二〇一七年の夏には初段を取りました。双極性障害の人は熱しやすいけれど冷めやすく、物事

松尾親さん（左）が所属する鷹の台合氣道同友会の道場

が長続きしない場合が多いのですが、「がんばり過ぎないようにがんばる」というこころの病を持つ者にとっての鉄則を念頭に置きながら続けています。

気分の波があるため、仕事以外の「義務」は極力持たないように、教会での定期的な奉仕は控えています。そうしないと、また教会で疲れて仕事や日常生活に影響を及ぼすことになってしまいますから。でもキリストの体である教会における役割は多様であり、役員などは引き受けないけれど、目立たないところでの役割も神さまはちゃんと見てくださっていると信じて、日曜日には教会に通っています。

私は自分の障害を恥とは思っていません。むしろ今では、神さまのお恵みだと感じているのです。もし私に気分の波がなかったなら、何事も全力で取り組んでそれなりの成功を収め、成功できない人を「努力が足りない人」と見下していたかもしれません。そんな傲慢《ごうまん》な人間にならずにすんだのは病気のおかげです。まさにパウロのトゲ（Ⅱコリント12・7）です。

長年の障害とのお付き合いによって、躁うつ病は私にとってお恵みであり、大切なアイデンティティーの一部となりました。そして当事者であることを開示すること、つまりカミングアウトすることは、そのアイデンティティーを確認する重要な行為の一つとなりました。

今後は障害に対する偏見がなく、ちゃんとカミングアウトさせてくれるところで働きたいと思っています。

レスポンス

カミングアウトできる社会を――診断の意義の確認と共に

石丸昌彦

何のための診断か

「気分の波は高校生のころからありました」。淡々とした筆致で、松尾さんは自身の半生を振り返りました。平易で明快な文章を読み進めるにつれ、あたかも自分がその場に居あわせたかのように感じられ、ひたむきに生きる若者の姿が目の当たりに浮かんできました。

気分の波に翻弄された高校・大学時代、キリスト教との出会いと入信、本格的な変調と治療の開始、一コマごとに私たちが「自分事《じぶんごと》」として学ぶべき貴重な体験がちりばめられています。

診断名を告げられたとき、「仕事ができないことは『怠け病』ではないのだとホッとした」

とのくだりには、とりわけ考えさせられました。診断は医師にとっては、適切な治療を開始するための理論的な根拠を与えるものですが、当事者にはそれ以上の意味があります。それまで悩まされてきた得体の知れない不調に説明を与え、正体不明の敵の姿を明らかにしてくれるのが診断です。相手の正体がはっきりしてこそ、闘うことも可能になるでしょう。

さらに、診断の告知には「そこに病気があることを裏書きする」という働きがあります。本人が怠けていたのでもなければ、心がけが間違っていたわけでもない、天与の能力を発揮することを妨げる「病気」という困難が存在していたことを、客観的に保証してくれるのです。

精神疾患は身体疾患と違って、周囲から見ただけではわからないことが少なくありません。とりわけ、うつ病や双極性障害の場合、急性期（症状が急激に現れる時期のこと）を過ぎてある程度落ち着いてくると、見たところ何の問題もないように思われる段階がきます。そうなると「怠けているのではないか」との誤解を周囲から受けやすくなります。医学的な診断はそうした誤解や自身の疑念を一掃する助けになるでしょう。

診断にそのような力があるなら、これを闘病のために使わない手はありません。実情を周囲に理解してもらい、できることとできないこと、してよいことと避けるべきことをはっきりさせ、必要な援助を受けながら自分でも努力して風通し良く生きていく。そのための基礎資料として診断名をはじめとする医療情報は大いに役立つはずです。実際そのように働くのであれば、診断名を明かすことに誰もそれほど躊躇《ちゅうちょ》はしないでしょう。

カミングアウトとは当事者による自己開示のことで、つまるところそれだけの話です。けれども実際には、精神疾患のカミングアウトには常に非常な困難が伴っていました。今もその困難が続いていることを、松尾さんが教えてくれています。

カミングアウトの光と影

カミングアウトを葛藤に満ちた困難な課題にしてきたもの、それが社会に根強く存在する偏見や差別であり、その背景に本書で繰り返し言及してきたスティグマ（社会的烙印）が存在することは言うまでもありません。

病気や障害の開示というテーマには、人類史のはるか古層にまでさかのぼる伏線があります。それだけに今回感銘を受けたのは、松尾さんがブレることなく一貫して開示する姿勢をとってきたことです。長い目で見れば御自身にとって最善の選択だったと思いますが、それを維持するのは容易なことではなかったでしょう。

カナダでの調査では、精神障害のある人が差別を受けたり、偏見を持たれたと感じたりすることは、実は身近な家族の間で多く起こるという結果が出ています（表1参照）。日本でも同じ

表1 スティグマを経験した生活の場面

調査に先立つ1年間に情緒的ないしメンタルヘルス上の問題のために治療を受けたと回答した人が個人的なスティグマを経験した生活場面の内訳。カナダ・メンタルヘルス委員会による「心の扉を開けよう―アンチスティグマ・アンチ差別プログラム」が2011年、同国の国立統計機関と10,000人を超えるカナダ人を対象に取った粗データ

生活場面	自己報告にもとづくインパクト（加重%）※
家族との関係	32.0
恋愛関係	30.0
職場または学校生活	27.5
経済問題	25.0
住居問題	18.0

※スティグマのインパクトを0点（なし）～10点までの11段階で自己評価してもらい、その評点によってパーセンテージを重み付けしたもの

石丸昌彦 監訳『パラダイム・ロスト――心のスティグマ克服、その理論と実践』（中央法規出版）より

傾向があるのかもしれません。その点、「偏見もないが同情も一切ない」妻や娘の存在は、強力な安定装置として松尾さんを支えてくれたのではないかと思います。

松尾さんの一貫した姿勢のおかげで、私たちは現代社会の光と影を、彼の職場を例として端的に知ることができます。病状を理解して柔軟な配慮を示し、ユーモアを交えながら支えてくれた輸入書籍会社。他方では、利用者の手前という理由から強権をもってカミングアウトを禁じ、抗議に対してハラスメントをもって応じた福祉施設。

昨今の厳しいビジネス環境の中でも、前者のような職場が存在し、少しずつでも増え続けているのは実に心強いことです。まだまだ不十分とはいえ、仕事を休んで精神疾患の療

養に専念することも、多くの職場で可能になりました。一方では後者のような職場も、残念ながら現実に存在しています。これほど露骨に圧力を加えはしないまでも、精神障害とわかると陰に陽にあからさまにお荷物扱いされることは少なくありません。

とりわけ、後者が他ならぬ精神障害者の作業所であったことには、胸が痛みます。精神科医療や精神保健福祉に関わる専門家だからといって、スティグマから自由であるとは限らないことを、現場の人間はよく知っています。専門家としての経験だけでは、人は自由にも賢明にもなれないのです。

松尾さんは「カミングアウトを許さない」と職場から圧力をかけられたものの、屈することなくカミングアウトして、その結果、上司からパワーハラスメントに遭い、職場を辞めざるを得ませんでした。実際にカミングアウトしたところ、結果として友人や恋人を失ったり、職場や地域で役割を奪われたりした例は、枚挙に暇《いとま》がありません。

双極性障害のつらさ

松尾さんの貴重な証しからもう一つ学びたいのは、双極性障害に伴う特有の困難です。気分の変調を主症状とする疾患のうち、抑うつ状態（いわゆる「うつ」）だけを示すものをうつ病と

表2　双極性障害（いわゆる躁うつ病）のタイプ

双極Ⅰ型障害	経過中に、躁状態と抑うつ状態を示すもの
双極Ⅱ型障害	経過中に、軽躁状態と抑うつ状態を示すもの

つまり、躁の側の気分変調が軽躁にとどまるものがⅡ型。その分、軽症であることは事実だが、逆に軽いだけに双極性障害と気づかれず対応が遅れる場合もあり、精神科医療では最近の大きなトピックになっている。（石丸昌彦）

呼び、抑うつ状態と躁状態をこもごも示すものを双極性障害と呼びます（表2参照）。

躁状態は抑うつ状態と対照的に、気分が異常に高揚するものです。健康な上、機嫌の限度をはるかに超えて、気持ちが大きく尊大・攻撃的になるため、周囲と衝突したりとんでもない浪費や乱脈に陥ったりし、人間関係のトラブルを起こすことも多いのです。

うつ病の場合は患者さんの自殺が最も警戒されますが、躁状態ではこうしたトラブルから社会的生命を損なうことを避けねばなりません。このような両極端の状態に対処し、予防せねばならない困難は想像に余りあるものでしょう。

双極性障害はうつ病に比べればずっと少ない病気ですが、それでも軽いものを含めれば全国に数十万人の患者さんがいるものと推測されます。そして統合失調症と同じく、一〇代後半から二〇代前半の若い盛りに初発することが普通です。躁状態で初発した場合、その攻撃性や逸脱行動のために若者特有の社会への反抗やパーソナリティの問題などと誤解され、双極性障害と気づかれず治療が遅れることも少なくありません。

以前に勤めた大学では定員一〇〇名あまりの学科を担当しましたが、毎年の入学生の中に決まって一人か二人、双極性障害を抱えて難渋する学生がいました。好調の時期には意欲の充実するままに多くの科目や活動に着手するものの、やがて調子が落ちるとそれが負担になって自分を苦しめてしまいます。松尾さんの高校大学時代の述懐に、そうした若い人々の面影がありありと重なって思い出されました。

これら若い学生たちは、私たちの世代の者よりもカミングアウトに関してははるかに積極的でした。それは間違いなく進歩であると私は思います。問題は、彼らを待ち受ける社会の方が、彼らと同程度に進歩を遂げたかどうかです。

カミングアウトする勇気を備えた闘病者たちに、ふさわしい環境を提供できる社会を築いていきたいと切に望みます。

躁うつを抱えて牧会するということ——牧師への召しと宣教の模索

辻中徹也（つじなか　てつや）
北海道・島松伝道所牧師

「あなたがたがわたしを選んだのではない。わたしがあなたがたを選んだ」（ヨハネ15・16）。私を支え続けているみ言葉です。

高校時代、将来の進路を考えるとき、決まって私にはいつも重々しい何かが垂れ込めていました。それは「牧師になる」という暗雲です。父が牧師で、母は私が父のような牧師になることを願っていたのです。すべての人に信仰を宣べ伝え、悔い改めのバプテスマを授けるというようなことをどうしたら自分の仕事にできるのだろうかと、真面目に的外れな空想をしました。

しかし、私にはそこまでして伝えたいイエスとの出会いはありませんでした。むしろ、牧師になって働くということが嫌で、「牧師として働け」と言ってくる何かと葛藤し、試行錯誤し、ついには開き直り、キリスト教とけりをつけなければと考え、同志社大学神学部に進学しました。

そこには親が牧師で、そういう境遇を自分らしく生きている仲間や、生き生きと働く牧師たちとの出会いがありました。まさに、「わたしがあなたがたを選んだ」というイエスと出会って歩んでいる人たちでした。私はと言えば、「臨床牧会訓練」というカリキュラムがあり数回参加しましたが、その訓練の中で自分と向き合うのがしんどくなり、不調を来し断念しました。その後の自分のケアは、自分で考えるしかありませんでした。今にして思えば、うつだったのだと思います。

大学院の後の進路を決めるころ、同じ大学の先輩で、牧会者の道を歩み始めていた妻と出会いました。私は自分の葛藤や混乱をわかってくれる人でないと一緒にやっていけないと思っていたので、この人ならやっていけそうだと思い、炉ばた屋のテーブルでハイテンションになっていました。思い起こせば、躁状態から始まったのです。

やがて任地の教会も決まり、結婚式の段取りも決まったころ、今度はうつに見舞われました。先のことを考えると不安に襲われ、それでも期待に歯向かって生きる勇気がなく、矛盾するかもしれませんが教会の外で生きることがわからず、とりあえずでも進むしかありませんでした。

教会の隣に精神科の病院があったので思い切って受診すると、医者から「仕事が向いていないんじゃないですか」と事もなげに言われました。そんなこと今さら言われてもと思いながらも、スッキリしました。「向いていない」。「向いていない」者にイエスは「わたしが選んだ」と言われます。イエスが選んだ私とは、それではどういう人間なのでしょうか。

今回、この原稿の依頼が編集部からあったとき、「向いていない」仕事にもがき苦しんできたことを書かずにはいられないと思いました。そうでないと、ただうつと躁に翻弄されたかのような自分の歩みは虚しいだけです。確かに虚しいのだけれども、そのなかの時々にイエスと出会ってきたとしか言いようがありません。

病気との折り合いをどうつけるか

長い抑うつ状態に入ったのは、次の任地の広島でした。カウンセリングを受けに行く電車の中でドストエフスキーの『カラマーゾフの兄弟』を読んだりしていたのですが、重苦しい文学に妙に落ち着きました。その後、躁に転じ、突き上げるような高揚感、ウキウキ、ワクワクが止まらない状態になり、寝食を放って好きな音楽を一晩中聴いていました。異変に気づいた妻に病院に連れて行かれ、即、入院となりました。妻は驚いただろうし、小さい子ども三人を抱えて大変だったと思います。一九九三年、初めての入院でした。

「牧師のメンタルヘルス」に関する神学校の教育カリキュラム

人の魂への配慮やケアを求められる牧師にとって、自分自身の精神面のケアも大切である。神学校においては、どのような学びがなされているのか。日本基督教団立と認可神学校６校にうかがった。

東京神学大学　東京都三鷹市

学部・大学院の入学年度に生活倫理講座「心の健康」が２コマあり、レポートを提出する。3、4年次の「牧会心理学」「臨床牧会教育」30コマで毎回、３年次の「心理発達と教育」「生徒・進路指導論」「教育相談・総合的な学習の時間の指導法」で３コマ程度、大学院２年次「牧会学演習」で２～３コマの講義があり、これらは卒業生・教職も聴講を申し込める。卒業を控えた大学院2年および学部4年生に総合特別講義で「牧会者の試練とその克服」が2コマある。

関西学院大学神学部　兵庫県西宮市

学部では「牧会カウンセリング」、大学院では「牧会学総合演習」・「臨床牧会学特殊講義」・「教会経営学演習」において、牧師同士のピアサポートなどについても実例を紹介しながら扱っている。

東京聖書学校　埼玉県吉川市

入学時に自分自身を知るためのパーソナルディベロプメントの実習がある。取り組みの必要性は感じているが、現在は牧師自身のメンタルヘルスのための講座はない。

同志社大学神学部　京都市上京区

大学院の授業「牧会カウンセリング1」の中に「人間としての牧師」と題した隔年開講の授業があり、「将来、牧会の現場で働く際に、人間としての自己の限界と可能性に気づき、よりよい牧会者となるためのスキルを身につけること」を目標としている。「牧師のストレス」「自己のふりかえり」などがテーマ。

日本聖書神学校　東京都新宿区

3年次の「教会の職務」、「牧会学」中で触れられ、4年次「牧会カウンセリング」でも扱う。またとくに4年次『フィールドワークゼミ』という牧会伝道の現場の実際を学ぶ授業の中で『牧師のメンタルヘルス』というテーマの授業があり、4年生には各自のパーソナリティの傾向を自覚するための心理テストのワークショップも開講される。

農村伝道神学校　東京都町田市

3～4年時「牧会学」の授業の中で、牧師のメンタルヘルスについて講義を受ける機会がある。この授業の中で先輩牧師から聴く時間を設けている。

やがて、新しい任地を探すことになり、北海道の島松伝道所から招聘され、赴任しました。招聘条件は、①三〇代であること、②子育てをしていること、③障害者と共にある教会形成に取り組むこと、④地域の活動に参加すること、でした。履歴書に小さく「躁のため一か月の入院をしました」と書きました。島松伝道所は精神障害のある青年を教会に引き取って暮らしを共にした経験を持ち、障害を抱える牧師を招聘する素地がありました。また、妻が牧師であったことも大きかったと思います。

その後もうつと躁の激しい症状がありました。私は双極性障害の中でも変化の速いラピッドサイクラーと診断されました。赴任一〇年で一四回の入院をしました。郊外の病院でゆっくり向き合ってくれる心療内科の医師と出会い、頭と心の整理を手伝ってもらい、もう一人の自分が自分を見るというセルフモニタリングを学びました。最後の退院後、自分のイメージの中の「健常者」に戻ろうとすると体調を崩すと気づき、妻とのワークシェアリングを始め、この一二年入院なく過ごせています。

最近、私は「気がかり幻想襲来症」と自己病名を付けました。教会の大きな行事が無事終わり、ほっと疲れを出したらうつの波にのまれてしまいました。いろいろな人の顔が浮かび、非難されたり、否定されたりします。しかも非難や否定は事実ではないのに、自分の中にある気がかりが人の姿になって襲ってくるのです。まさに「病名」どおりです。苦悩しました。しか

辻中徹也さん（右）と妻の辻中明子牧師

し、これは幻想だと意識し、整理がつくようになりました。少しずつ回復してきています。

朝、日光を浴びて初歩の太極拳を三〇分するようになりました。少しずつ筋肉トレーニングも始めました。ハーブティーの効果を楽しむようになりました。こういった病の体験が、誰かの役に立つことを信じ、そうなるよう願っています。

もっとも、私は自分が精神障害を抱えていると思わないで過ごしてきました。「生きづらさを抱えている」とか、「苦労を抱えている」と言ったほうが実感に近いです。生きづらさ、苦労とどうつきあったのか、その体験を神さまが用いてくださることを喜んで、感謝しています。

ただ、うつのときは起きていられないので睡眠をとります。気になる仕事でも誰かに任せて休むようにします。最近は三～四日休むと回復します。以前は三か月かかりました。躁のときは、「物足りないがちょうどいい」を意識します。

主治医による健康の定義は「その人がその人らしく、その人なりに暮らすこと」です。私はそれを牧会にも役立てています。パウロは「わたしの恵みはあなたに十分である。力は弱さの中でこそ十分に発揮されるのだ」（Ⅱコリント12・9）と記しています。教会が弱さを包み隠さず居られる場であれば、多様な枝が一本の木となっていくと信じています。

私の何が牧師に向いていないのか

「自分が課題をクリアしたら、その課題を持った人が集まってきます」と医師は教えてくれました。不思議にそうなっています。その現れが、伝道所で行っている「当事者研究 in 島松」です。五年前に「弱さを元手に」を標語に掲げてスタートしました。同じ北海道の浦河にある「べてるの家」が発祥の当事者研究とは、統合失調症など精神疾患を持ちながら地域で暮らす当事者たちが自らの生活経験を糧にしていく自助（自分を助け、励まし、生かす）プログラムです。こうした取り組みによって、すべての人が自分らしく生きることができたらすばらしいと思います。

私は一人の精神科医から「牧師に向いていない」と言われました。けれども、その器をイエスは「わたしが選んだ」と言われるのです。「向いていない」からうつにもなります。躁に転じることもあります。苦しんできました。しかし、その原因は自分にもありました。自分の十字架を負う群れの喜びとたくましさを知らずに、牧師とはかくあるべしという呪縛に支配されていたのです。「向いていない」のはそこです。

イエスが私を選んでくださったから、そのままを歩みたいです。障害を欠落ではなく、今では可能性として捉えている自分であることに感謝しながら。

伝道所で毎月第４木曜日19時から21時に行われている「当事者研究 in 島松」

レスポンス

双極性障害が教えること——十字架の力を見失わないように

石丸昌彦

双極性障害という病気

「躁うつ病」。今日の用語で言えば双極性障害を抱えて生きる困難について、辻中先生はつつまず語ってくれました。

気持ちが沈んで元気がなくなり、すべてに対して悲観的・自責的になる抑うつ状態、これと正反対に気が大きく過剰に元気になり、尊大で攻撃的に振る舞う躁状態、その両極の間を揺れ動くのが双極性障害です。

私たちは毎日の生活の中でさまざまな出来事に出会い、その都度、喜怒哀楽の情緒を自分の中に経験します。そのように波立つ個々の情緒の奥底に、安定した大きな感情の流れがあるといったらピンとくるでしょうか。この深層のことを精神医学では「気分」と呼びます。

「天気が良いので、今日は気分が良い」などという通常の気分とは、少しニュアンスが違うかもしれません。海の水にたとえれば深海流、陸地なら地面の下の岩盤、オーケストラの通奏低音に例えた人もありました。心の表面で波立つ情緒的体験の奥底を支える深層が「気分」、その「気分」の調子が安定せず、落ち込んだり過剰に昂揚《こうよう》したりするのが双極性障害です。

気分は空気に似たところがあり、特に異常がない限りその働きを意識することがありません。けれども、それがちゃんと働いていないと他のあらゆることがうまくいかないのも、空気に似ています。訳もなく悲しくなったり自責的になったり、怒りっぽく攻撃的になったりするのでは、落ち着いて考えることも思慮深く人とつきあうことも難しくなるでしょう。正反対の状態の間で気分が揺れ動くとすればなおさらです。

双極性障害は若いころに初発しやすいこと、事実この障害に悩まされる学生を以前の勤務先で毎年のように見たことなどには、これまでも触れてきました。辻中先生の回顧を読みながら、あらためてこうした若い人々の姿が重なって浮かんできました。

なぜ病気になるのか

双極性障害はなぜ起きるのでしょうか。あるいは、一般に精神疾患はなぜ起きるのでしょうか。

精神疾患と一口に言いますが、実際にはさまざまなものが含まれています。病気の原因についても、遺伝などによる先天的な体質によって発病するものから、体質とは無関係に生活体験によって起きるものまで、大きなバラツキがあります。

このように多彩な精神疾患を、とりあえず二つのタイプに大別するとわかりやすいのではないかと、かねがね考えていました。

一つは、脳という臓器の働きが不具合を起こして発症する疾患グループです。統合失調症はその代表例で、この場合はそうした不具合を向精神薬などによって修正することが、治療の最大の焦点となります。

もう一つは、ストレスの蓄積やストレス処理の誤り、心理的な葛藤などのため、心のバランスが崩れて発症する疾患グループです。ＰＴＳＤや適応障害が典型的なもので、症状を抑えるために向精神薬も使われますが、過剰なストレスを生み出している環境なり、ストレス処理の問題点なりを修正しなければ、根本的な解決にはなりません。うつ病は事情が複雑で一概に言えませんが、最近のうつ病ではかなりのケースがこのグループに分類できるでしょう。

もちろん、この二つの区別は相対的・便宜的なものです。統合失調症の場合も、ストレス処理の良し悪しが病気の経過を大きく左右しますし、ＰＴＳＤや適応障害においても、症状に応じて脳の働きに不具合が生じているものと考えられます。

それを承知でこの話を持ち出したのは、双極性障害について正しく理解していただくためです。双極性障害は、右に述べた二つの分類の中では第一のグループ、つまり統合失調症などと同じく脳の働きの不具合によって起きる病気に属します。不具合がなぜ起きるかについて、現在の医学はまだ答えを見つけていません。ひとつ確かなのは、この障害はその人の元来の性格や信念、親の育て方などとは無関係に起きるということです。

辻中先生に双極性障害をもたらしたのは、「牧師にならねばならない」という暗雲のような思いでもなければ、「牧師になってほしい」という親の願いでもありませんでした。思いや願いが病気をもたらしたのではなく、病気のために思いや願いが曇らされ煩わされてきたのです。

医療専門家の中にすらこの点を誤解している人があり、そうした誤解が患者やその周囲の人たちを混乱させていることが残念でなりません。

十字架の力

「それにしても」と問いたくなることがあるでしょう。「双極性障害のような本格的な精神疾患を抱えながら、牧師をやっていけるのか」という問いです。

主の羊たちを導く羊飼いの責任は実に重く、牧会の現場はさまざまなストレスに満ちています。双極性障害と闘いながら、牧会の務めを果たしていくなどということが本当に可能なのか、誰しもそう問いたくなるのではないでしょうか。

私自身、あらかじめ質問されたら「無理です」と答えたかもしれません。それが医師の常識というもので、「牧師に向いていない」と告げた精神科医はこの常識に沿った助言をしたにすぎないのです。

けれども医師が無理と考えて疑いもしなかったことを、当事者の力が可能にするのを私たちは現に見てきました。「べてるの家」の当事者研究はその目ざましい例であり、辻中先生もそこから多くを学びました。「気がかり幻想襲来症」という自己病名をつけ、自身の問題をユーモアと共に客体化して乗り越える手法は、べてる方式の見事な実践例です。

このことをはじめ辻中先生の短い闘病記には、闘病の中で編み出した多くの工夫が示されています。自分のイメージの中の「健常者」に戻ろうとすることをやめ、パートナーの協力を得

牧師のメンタルヘルスに対する
日本基督教団の取り組み

「牧師とその家族のための相談室」の設置に向けて始動

牧会者やその家族の精神的な疲労、自死、それに伴う教会の崩壊的状況などはこれまでも多数報告され、牧師のメンタルヘルスに対する取り組みの重要性は認識されてきた。関連する委員会（「障がい」を考える小委員会）では数年にわたって協議を重ね、「牧師とその家族のための相談室」の設置が急務であるとの要望を教団に対して提出してきた。現在、「牧会者とその家族のための相談電話」を毎週月曜10時から16時まで行っている（03-6228-0016）。

素案

目的：牧会者とその家族に対する魂の配慮と精神的ケアのために

① 研究（精神的ケアについて情報発信）

② 相談業務（主に電話による対応）

③ 修養会や交流会の開催

④ 関係委員会や神学校、キリスト教メンタルケアセンターとの協力

相談室は牧師、精神科医、臨床心理士、相談員などの専門チームによって構成される。

てワークシェアに取り組んだこと、うつのときと、躁のときの対処方法を、それぞれ決めて実行してきたことなどは、双極性障害と闘う秘訣であると共に、困難を抱えて生き続けるすべての人々への貴重なヒントでもあるでしょう。

中でも鋭いのは、「牧師とはかくあるべしという呪縛に支配されていたこと、『向いていない』のはそこである」との気づきです。私たちもまた「信徒はかくあるべし」「教会はかくあるべし」という固定観念に縛られ、かえって十字架の力を見失っていないでしょうか。

主が現に辻中先生を選ばれたこと、パウロに告げたのと同じ言葉をもって先生を導いてこられたこと、必要な助けを与え牧者の務めを果たさせていること、それらの事実を驚きと共に素直に受け入れるなら、十字架の力を取り戻す大きなきっかけになるのではないかと思うのです。

実は今、牧師のメンタルヘルスを支える試みがあちこちで始まりつつあります。今日の全体教会にふさわしい取り組みとして、これから注目していきたいと考えています。

〝助っ人〟や〝執り成し手〟に——当事者家族と教会の挑戦

『信徒の友』編集部

本書のもとである『信徒の友』の連載「シリーズ精神障害」には、連載中から多くの反響があった。「牧師・信徒が障害者の状態の悪化にうまく対処できない場合がある。対処の仕方などを掲載してほしい」という投書も寄せられた。本項はそうした反響に対する編集部の応答として掲載されたものである。

障害者の内面を知ることから

編集部に一通の手紙が舞い込んだ。ある地方教会の信徒Mさんからで、統合失調症の息子Yさんの著書『書くべきこと』をその中で紹介していた。「精神障害者の内面を知ってほしい。この本がその一助となれば」ということだった。すぐに取り寄せて一読したが、衝撃的な本だった。ごくささいなことも気になって、他者との関係において感情がコントロールできず爆発してしまうプロセスや状況が、精神障害のある当事者によって、臨場感あふれる筆致で書かれている。また、人の言動に傷つくことを極端に恐れて人間関係をうまく築くことができない苦悩が流麗な文体で切々とつづられている。そしてしばしば登場するのが、彼が関係を損ねてしまった相手との間を取り持とうと、関係修復に奔走する母親だ。

　手紙に所属教会名が書かれていたこともあり、教会に電話してみたところ、牧師が応対してくれた。Mさんは謙虚な方で、教会に来る他の精神障害のあ

「私は文章を書くことによって、
自分が救われていると感じています。
日々のつらい出来事を
文章化できることが、どんなに
私の心をいやしてくれているかと思います。
これは神様から与えられたものではないかと
思っています」
（編集者に届いた著者からの手紙より一部引用）

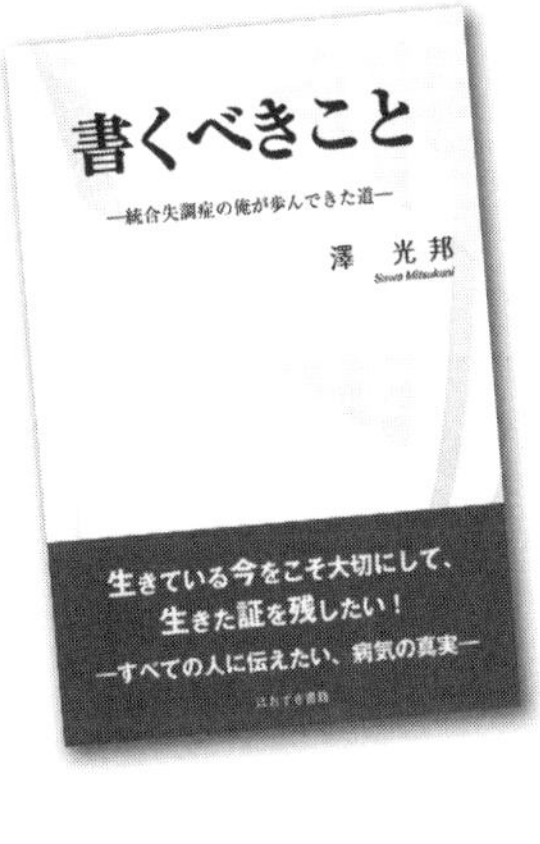

書くべきこと
―統合失調症の俺が歩んできた道―
澤 光邦 著
発行 ほおずき書籍、発売 星雲社
四六判 160ページ／1300円（本体）

る人たちにも寄り添い、周囲の人たちに理解を求めるなど、橋渡し的な存在だという。どんな方なのだろう。教会が精神障害のある人と共に歩む上で、何かヒントになることをお伺いできるのではと思い、Mさんと牧師を教会に訪ねた。

教会につながってほしい

小雪が舞う町の一角に立つ教会で、牧師と一緒に出迎えてくれたMさんは、たおやかな高齢の女性だった。

若いころに信仰を得たMさんは、夫を早くに亡くしたものの、息子のYさんと娘を幼少時から教会に連れて行っていた。「とにかく小さいころから極めて内向的な性格で、人間関係が不器用だった」というYさんだが、名付け親でもあり、とても尊敬していたという牧師から高校生のときに洗礼を受けた。しかし、信仰を得てもなかなか教会に通うようにはならなかった。

「今から三〇年ほど前のことです」と、Mさんは振り返る。東京に働きに出て三年目の二六歳だったYさんが世間に迷惑をかけて困っているという電話が警察からあった。仰天したMさんはすぐに上京。そこで目にしたのは「異次元の世界に入ってしまい、一時的とはいえ、親の顔さえわからなくなってしまっている息子の姿でした」。

Yさんは精神科病院に入院し、初めて統合失調症との診断を受けた。程なくYさんは退院し、Mさんが暮らす実家に戻ってきた。Mさんは息子のことを誰にも知られないように気持ちを押し殺しているうちに教会にも行けなくなってしまった。

そんなMさんは、地域の保健師の紹介で精神障害者の家族会に足を運ぶようになった。「そこでの分かち合いや交流を得て、私は変わりました」。精神障害のある人と関わるための勉強会や講演会に藁《わら》にもすがる思いで参加し続け、学びを重ねたMさん。「そのうち、家族相談員の免状までいただきました」と苦笑する。

一方で、息子のYさんは入院こそ最初の一回だけだったが、その後、定職に就けず、現在は離れに住んで炊事などの家事をこなしながら、書くことも含め、さまざまな趣味に時間を費やしている。友達は一人で、半ひきこもり生活の中、市の精神保健衛生指導員との面談を月一回受けている。

「息子は理性がありながらいつも感情が先走ってしまい、人との付き合いが本当に難しいのです」と言うMさんだが、落胆している様子はない。「私と一対一で話すときは何の問題もなく、テレビのニュースなどもよく見て世の中のことをきちんと把握していて、話も弾みます。本当にいい息子なんです」と顔をほころばせる。

Mさんの切なる願いは、Yさんが教会につながることだ。「聖書は何度も通読していますし、信仰は持っていると思います」。なかなか教会に足が向かないYさんを、現任の牧師は何度か自宅に訪ねている。

Mさんは自分が信じて歩んできたというみ言葉を挙げる。「あなたがたの会った試錬で、世の常でないものはない。神は真実である。あなたがたを耐えられないような試錬に会わせることはないばかりか、試錬と同時に、それに耐えられるように、のがれる道も備えて下さるのである」（Iコリント10・13、口語訳）。

トラブルによって経験値を上げる

「精神障害のある人も教会は受け入れてほしい。まずは、その内面を知ってもらえれば」と、Mさんは先述の息子の著書を牧師と役員に贈呈した。牧師の話によると、Mさんは教会にやってくる精神障害のある人たちの助っ人的存在にもなっているという。会員約四〇名の教会に、そうした人たちがMさん以外にも三～四人いる。精神障害のある人たちをめぐる教会内でのことについて、牧師は二つの話をしてくれた。

一つ目は、一応の解決をみたケース。教会員たちから千円単位で借金を重ねている人がいた。その人はアイディアに富んだ部分もあり、愛餐会で高齢信徒に喜んでもらおうと高級な味噌《みそ》を大量に買った。借金返済のことなどどこかへ消えてしまったかのように大量の食材も教会に持ち込んで台所に入り、振る舞いを始めた。確かに喜ばれはしたが、こんなに大量の味噌をどうするのだと教会員たちは困惑した。そこでMさんは、その味噌を小分けにして教会員たちに買ってもらい、そのお金で皆への借金を返すようアドバイス。その作業をMさんらは手伝い、返済は速やかに行われた。

二つ目は、様子見のケース。五年前に洗礼を受けた人は、人との交わりを求めていながら、大勢の中で自分を保つことが難しい。礼拝で誰もが気を付けなければならないことや常識的なことについて高齢の教会員からアドバイスを受けると、自分が否定されたと思って萎縮してしまう。そして、教会から足が遠のく。Mさんはこの人からの電話に対応し、話をよく聞いている。最近、その人は教会の懇談会で、「障害者にはできないことが多い。でも教会でやさしく受け入れてもらえるとき、生きていていいのだと思える」と話した。

精神障害のある人は誰かの助けがなければ、社会の中で他の人たちと共にやっていくことは難しい。それは教会でも同じことだ。だからMさんらは助っ人、執り成し手として働く。だが、教会ではMさんらの言動が疑問視されることもあるという。そういうことは専門家に任せたほうがいいという声だ。しかし、Mさんは言う。「トラブルがあっても、それをとおして経験値が上がっていくのだと思います」。お互いに慣れていくことで、共に歩んでいく空気が少しずつ醸成されるのではないだろうか。

排除しようとする動きには抗う

精神障害をめぐって、試行錯誤を重ねている教会。いさかいや意見が割れることがあると、牧師は両方の言い分を聞かなくてはいけない。場合によっては、どちらからも「ケリをつけてください」と言われることもあるという。しかし、牧師は反論する。「牧師はどちらに付いても寄ってもいけない。ケリをつけるのもダメ。大抵の場合、冷却期間が必要だ」。そうした時間や試行錯誤を経て、精神障害のある人だけでなく、教会員も変わってくることがある。

精神障害のある人が『信徒の友』の月決めの誌代を未納し続けていた。さすがに牧師も「社会常識から外れすぎている。金銭的なことだし、もういい加減購読をやめさせよう」と言ったが、担当の教会員は「あと一か月だけ待ってください」と食い下がった。果たして、翌月から誌代は支払われるようになった。「信徒の方が成長している」と牧師は自らを恥じる。

「いろいろなことを言う人もいるし、言わざるをえない場合もあるが、精神障害のある人を排除しようという動きがあれば抗う。だが実際、完全に拒否している教会員はいない」と牧師は言う。それは、教会に集う人は誰もが神に呼び集められていることを皆わかっているからだという。

冒頭で紹介した本『書くべきこと』の中で、Mさんの息子の著者Yさんは自分の半生を振り返り、述懐している。「そこには常に、神の愛が働いているのではないかという思いがしてならない」。その思いを携えて教会に行ってほしいとMさんは願う。教会につながってほしいと願う当事者の家族はたくさんいるだろう。そのためには信徒が祈りつつ、助っ人、執り成し手になることが求められているように思う。それは義務というより、可能性ではないだろうか。

社会の中で弱くされた人をこそ、イエスは愛された。主の体である教会はそうしたことを実践するのに最もふさわしい器だろう。まずは知ることから始めたい。容易ではないが、そんな共同体を目指す教会、信徒の一助となることが本書の趣旨だ。

レスポンス

教会に集まる当事者たち――健全な距離感と経験をもって

石丸昌彦

家族の困難と両義性

「〝助っ人〟や〝執り成し手〟に」で当事者家族や牧師の思いが扱われたことを、大変意義深く受けとめました。

精神障害を身をもって体験する本人の困難は、言うまでもありません。けれども家族には家族で別の苦しさがあります。「病気のつらさは、罹《かか》ったものでなければわからない」という主張が正しいのと同じく、「家族の苦しさは、家族として関わった者でなければわからない」というのも真実です。

とりわけ母親の気持ちを思います。「代われるものなら、代わってやりたい」というのが母親の心であるならば、代わることができずに見守る苦しさはどれほど深いことでしょうか。

私が若いころに勤めた東北地方の病院には、何年越し、何十年越しの長期入院を余儀なくされた患者さんが大勢いました。同時に、どれほど長い年月を経ても決して息子や娘を忘れない母親の姿が数多くありました。自身も高齢に達していながら不自由を押して面会に訪れ、主治医や看護師に懇ろに挨拶して遠い道を帰っていく姿に、涙を禁じ得ませんでした。

家族のあり方には特有の難しさがあります。家族は誰に命じられるまでもなく、まずは本人を守り助けることに力を尽くします。本人と共に世間の偏見や無理解にさらされることもしばしばで、時には病気の原因を家族が作ったかのように、根拠なく責められることすらあるでしょう。そうした視線に耐え、一心同体となって闘病に取り組む姿は貴いものですが、一体化が行き過ぎてお互いの距離を見失うと、本人の自立をかえって妨げ、過干渉や共依存に陥ることにもなりかねません。

他方では家族特有の濃密なやりとりの中で、意に反してお互いが傷つけ合ってしまうことも起きがちです。本人の目には、家族もまた世間の側に立つように見える瞬間があるかもしれません。EE（expressed emotion＝表出感情）と呼ばれるもの、すなわち感じた気持ちを直言する傾向に注目した研究手法があります。その中から、患者本人に対して批判的・攻撃的な感情が

ある教会員から『信徒の友』編集部に届いた２通のお便りより

トラブルをとおして
経験値を上げる

1通目「困惑してます」

私の教会のある教会員のことですが、精神的に弱いところがあり、今までの諸事情も起因してか妄想がかなりあることがわかりました。拙宅にも招くなどして親切にしたつもりでしたが、ある日突然、その人から「２回も私の家に来て、皆に迷惑をかけてると言われたので、もう教会にもお宅にも行きません」という手紙が来てびっくりしました。私はその人の家に行ったこともなければ、迷惑をかけてるなどと言ったこともありませんでしたから。それでも、自分だけの問題として抱え込まずに、教会の皆と共に対処していきたいと思っています。

約1か月後の2通目
「わかってきました」

件《くだん》の教会員は1か月ぶりに礼拝に来ました。教会に迷惑をかけたという妄想にどう対処すればいいのかわかりませんが、他の教会員との一致した考えで、何事もなかったように笑顔で迎えるようにしています。大好きな犬の話をすると打ち解けるので、もっぱら犬の話で笑い合いました。初めての経験でしたので、最初はどうしたらよいのかわかりませんでしたが、相談した他教会のクリスチャンの友人が「どうこうしなくていい」と言ってくれたのが救いでした。何かしてあげなくては、どうにかしなくてはという思いに駆られがちですが、普通に接するという対応もあることに気づきました。まだまだ問題が出てくるかもしれませんが、この経験をとおして何となくわかってきたように思います。

多く表出される家族環境（高ＥＥ家族）においては、統合失調症の患者さんの症状が悪化しやすいという報告がもたらされ、注目を浴びたことがありました。

Ｙさん・Ｍさんのアッパレ

かけがえのない親密な家族でありお互い強く思い合っているからこそ、こうした難しい問題も起きてきます。その実情を多少とも知るだけに、「〝助っ人〟や〝執り成し手〟に」の内容は印象的でした。ことに感銘を受けたのは、母親であるＭさんの健全な距離感です。

息子のＹさんの初発のとき、「一時的とはいえ、親の顔さえわからなくなってしまっている」姿を見て、Ｍさんはどれほど心を痛めたことでしょうか。「気持ちを押し殺しているうちに教会にも行けなくなってしまった」とおっしゃるのも無理のないことです。けれどもＭさんは家族会の交わりをとおして立ち直っていきました。同じ立場にある人々が支え合うときに発揮される、当事者活動と同質の場の力・絆の力が、家族会にも働いているのです。

同時にまた、Ｍさんが勉強会や講演会に参加し続け、家族相談員の免状を取るほどまで勉強を続けたこともヒントになります。おそらくＭさんは、学びをとおして精神障害の特徴や援助の原則を身に付けたばかりでなく、客観的に状況を見つめ冷静に考える姿勢をも養ったのではないでしょうか。危機に臨んで頭を働かすことは、自我を支え落ち着きを取りもどす効果があります。

「理性がありながら感情が先走るので、人との付き合いが難しい」という息子さんに対する的確な観察と、「本当にいい息子なんです」という愛情のこもった述懐がMさんの中で見事に両立しているのは、その成果ではないかと思います。先述の健全な距離感とは、このようなことを指すものでした。

Yさんの著書『書くべきこと』、私はおもしろくてあっという間に通読しました。ここで個別の内容に触れることは控えますが、それは書くべきことがないからではなく、逆にありすぎて絞りきれないからです。ぜひとも、広く読まれてほしいものです。

そうそう、ひとつだけ。私は囲碁好きで将棋はヘタクソですが、勝ち負けにこだわらない、のんびりした縁台将棋をYさんと楽しんでみたいと感じました。対局の様子をニコニコと眺めていらっしゃるMさんの姿が、目に浮かぶようです。

家族に代わる新しい受け皿

日本の精神保健福祉制度に潜む歴史的な問題点には、この連載の中で何度か触れてきましたが、家族という観点からはとりわけ大きなひずみが存在していました。

そもそも一九〇〇（明治三三）年に制定された精神病者監護法（看護法の誤記ではありません）は、おのおのの「家」が責任を持って精神障害者を監督すべきことを定め、そのため必要であれば私宅監置（いわゆる座敷牢などに閉じこめること）を認めていました。富国強兵が国是として最優先された時代に、国が精神科病院を建設して必要な医療を提供する代わりに、旧民法下の「家」に責任を丸投げして公費を節約するという構図でした。

家族への大きな責任付与を前提とする制度や意識は、第二次世界大戦後の一九五〇（昭和二五）年に精神病者監護法が廃止され、精神衛生法の時代になってからも続きました。配偶者や親などの中から「保護義務者」を選任し、強制入院にあたって同意することや、患者に適切な医療を受けさせることを義務づけたのは、その象徴と言えます。

保護義務者（一九九五年以降は保護者）の制度は二〇一四年にようやく廃止されましたが、それは家族に負担を求める考え方が改められたからではありません。むしろ核家族化と少子化の進行、ひとり親家庭や非婚者の増加などによって日本の家族のあり方が激変し、精神障害者の処遇の責任を家族に持たせることが不可能になったからです。家族に押しつけ過ぎることが長らく批判されてきましたが、もはや押しつけようにも、押しつける家族が存在しない時代になったのです。

そして、家族に代わる精神障害者の新しい受け皿を、日本の社会はまだ見いだしていません。数万人に及ぶ社会的入院の解消が遅々として進まず、依然として精神障害者の居場所の欠如が嘆かれる背景には、家族の変容に伴う受け皿の空白があります。

このような時代に、精神障害のある人々が誰に勧められるでもなく教会に集まってくる事実は、考えてみればすばらしいことではないでしょうか。「ここならば一人の人間として、安心して受け入れてもらえる」ということを、この人々は正しくも直観しているのです。教会として何と誇らしいことでしょう。

「それはそうだけれど、私たちはいったいどう接したらいいの？」。そのような戸惑いの中で、Mさんのような方々が〝助っ人〟や〝執り成し手〟として働くというアイディアは、現実的であるとともに真に教会にふさわしい風景と言えましょう。

教会共同体を社会資源に——地域の作業所からの提言

小池文彦（こいけ ふみひこ）
共同作業所ホサナショップ所長補佐
社会福祉士、精神保健福祉士

教会との互助的な関わり

共同作業所ホサナショップは、現理事長の泉田昭が東京の練馬バプテスト教会の主任牧師をしていたとき、教会員の一人が精神障害を持つ息子のために立ち上げた精神障害者作業所です。息子をキリスト教主義の精神障害者作業所に通わせたいとの思いからであり、教会の協力を得て一九九三年四月に設立されました。泉田牧師の呼びかけで、日本バプテスト教会連合、日本同盟基督教団、日本神の教会連盟など、練馬区内の七教会が協力教会として運営委員会に加わりました。

現在、ホサナショップは福祉の枠に捉われず、新しいサービスを打ち出すなどして社会福祉業界発の総合商社を目指しています。主なサービスは地域にある教会・高齢者施設・マンションの清掃作業やオリジナル食品作り（ジャム、焼肉のたれ、食べるラー油、クッキー）、食品や衣類、化粧品などの販売作業です。販売取扱品目は問屋から仕入れた激安お菓子やメーカー製造のピザなどの冷凍食品、激安衣料（靴下五〇円）、せっけんなど幅広く取り扱っています。

私を含めて常勤スタッフが三名、非常勤スタッフ三名に、四〇名余りの利用者が在籍しています。毎日は礼拝から始まります。目的である就労継続支援は、キリスト教カウンセリングを基盤としています。障害があっても地域の中でその人個人が自分らしく生活できるように、個

小池文彦さん（中央）とホサナショップのスタッフ

人の自己決定を重んじつつ、自立した生活の実現に向けた支援を行っています。

協力教会からは月一回ホサナショップで行っている礼拝（ロングチャペル）にメッセージ奉仕をする牧師を派遣してもらっています。そこで語られる多くの御言葉によってキリスト教に興味を持ち、そこから礼拝出席へとつながり、受洗まで導かれた利用者もいます。協力教会からホサナショップオリジナル商品の注文がまとめて入るときもあり、バザーなどにも出店させてもらったり、教会清掃業務を請け負わせてもらったりしています。

一方で、ホサナショップ利用者として活動したいという人を牧師から紹介されれば、受け入れています。また、牧師、教会からの相談も受けています。精神障害のある教会員への接し方、教会員に精神障害への理解を求めるための啓発活動、社会資源（利用者がニーズを充足したり、問題解決するために活用される制度・施設・機関・設備・資金・物質・法律・情報・集団・個人の有する知識や技術等の総称）などを含めた支援方法についての相談業務です。さらに、教会から障害福祉サービス事業所を始めたいといった相談を受けることもあります。要請があれば教会に連なる障害者への理解促進のために外部で講演することもあります。協力教会の教会員として信仰生活を送っているホサナショップ利用者もいて、いろいろな面で協力教会とホサナショップは相互的な協力関係にあります。

精神障害との関わり

私が精神障害に関心を持ったのは、中学校時代の同級生がきっかけでした。精神障害のあるその彼は勉強はできましたが、他者とのコミュニケーションに難があり、級友から疎外されるようになりました。私はその姿を不憫《ふびん》に思い、彼と行動を共にするようになりました。そして、彼の価値観や物の見方が他の人と異なり、独自の世界観を築き上げていることに気づきました。もっと精神障害のある人を知りたい、障害で苦しんでいる人と共に考え歩んでいきたいと思うようになりました。

これはまさにイエス・キリストによる導きだと思っています。イエス・キリストは常に苦しむ人の傍らにいてくださいます。そして私もまたイエス・キリストをとおして救われました。この命を神さまのため、人のために役立てたい、いつか天の御国に帰ったときに神さまに褒めてもらいたい、そんな思いが精神保健福祉へ歩む契機となりました。福祉を学んだ大学を卒業後、ホサナショップに就職し、今に至ります。

私が利用者との関わりの中で特に大切にしていることは、コミュニケーションの取り方です。話し方にも注意が必要です。話の意図を文脈で理解することが苦手な利用者が多いので、話の一部分や一単語のみを捉えてしまい、それによって気分を害してしまったり、深く悩んだり傷ついたりすることがよくあるからです。

私が失敗から学び、さらに注意を払うようになったのは利用者の価値観です。以前、ある利用者が「自分は今退院しているが、最後は以前入院していた精神科病院に戻りたい」と言うのを聞き、私は「せっかく長い入院期間を経て地域社会に出てきたのに、また入院を希望するのはもったいないですよ」と励ますつもりで言いました。一般的には、精神科病院に入院したことのある人の大半は再入院したくないと言っているからです。しかし、その利用者は「あなたは何にもわかっていない。障害を持っている私が地域で生活するのがどれだけ大変なことか。今だって、自分で家事をするのが億劫《おっくう》なんだ」と返してきました。

私は諦めずに「地域で生活していけるようにいろいろな制度も今はありますよ」とアドバイスしましたが、その人は「もう腹は決めている」と言い残して、ホサナショップから去っていきました。今となっては、どうして彼の気持ちになれなかったのか、その希望を受容できなかったのか、なぜ語られた言葉の背景を読めなかったのかと反省しきりです。自分の価値観や自分の物差しで利用者を見ていた証拠です。

実はこのような物差しで人を見てしまうことは、教会でもあります。礼拝を捧げて心身ともに清められた状態のときに精神障害などで困った人を目の当たりにすると、いい人でありたいという心理になりがちです。特に自分のようにクリスチャンかつ支援者である場合、よほど意識しないとメサイヤコンプレックス（救世主妄想）に陥ってしまうことを先の失敗から私は学んだのでした。

地域のコミュニティーとして

ホサナショップは七つの協力教会に限らず、いろいろな教会とつながりを持っています。教会が精神障害のある人たちにとってもコミュニティーとなっているかというと、一部の教会はなっていると思いますが、そうではない教会もまだまだあるというのが実感です。大きな要因の一つは牧師および信徒の精神障害に対する理解度の低さです。そのために生じたと思われる三つの例を挙げてみましょう。

ある人は精神障害があることが教会で知られるようになった途端、牧師や信徒たちから距離を置かれたと言います。まるで別世界から来た人への対応のように変わっていくのが手に取るようにわかり、教会だけでなくキリスト教にもひどく失望し、教会に行かなくなってしまったそうです。

精神障害のある別の人は自身に関する出来事のひとつひとつを強迫的に確認しなければならない性質で、牧師に頻繁に相談に行っていました。その様子を他の信徒たちが快く思わず、ある日一人の信徒から牧師の牧会を阻害する行為だと非難され、叱責《しっせき》されたというのです。その人は教会から足が遠のきました。

また、ある精神障害のある人が付属幼稚園のある教会の礼拝に行ったら、牧師や信徒から幼稚園には近づかないようにとたしなめられたということです。

いずれも精神障害のある人に対する「何をしでかすかわからない」といった負のイメージからの言動でしょう。このような誤解が精神障害のある人に対する偏見を助長し、教会が地域にあって真のコミュニティーになることを妨げていると言えるでしょう。

それでは教会の取り組みとして、何ができるでしょうか。まずは精神障害について学ぶことです。その上で、教会がどのようなスタンスで、どこまで精神障害のある人を受け入れていけるのか、教会員はどのように接すればよいのかということを検討することは、各教会員や教会全体にとって有益なことだと思います。精神障害のある人にとっても喜びでしょう。

また教会としての取り組みもさることながら、各個教会にはできることに限りがあるので、地域の教派を超えての連携を構築することも大切な働きだと思います。キリスト教だけにこだわるのではなく、ある人には仏教の教えがよい場合もあるかもしれません。障害のあるその人に最善なものが身近になければ他から取り入れる柔軟な姿勢が、その人のためになるかもしれないことにも留意したいものです。

地域で共同して精神障害者福祉を考えることはとても重要です。なぜなら教会も障害のある人の（障害がない人にとってもですが）社会資源になるからです。このような社会資源の創出こそがコミュニティーの始まりだと思います。そうして形成されたコミュニティーの一部分を教会は担う必要があると思います。教会はすべての人に開かれている場所なのです。

教会が今一度隣人を覚え、隣人のために行動を起こすことができれば、地域社会によい変化をもたらすのではないでしょうか。そんな有り様を神さまは望んでいると思います。教会がどのように精神障害のある人を受け入れ、どのように関係性を築いていくかということでお悩みの方はぜひご相談いただければと思います。共に考えていきましょう。

レスポンス

教会は中二階の場として——主イエスが示す援助の原型から

石丸昌彦

出会いと召命

精神保健福祉の世界へ導かれた最初のきっかけは、中学時代の同級生との出会いであった、そう小池さんは振り返ります。

精神障害ゆえにコミュニケーションに難があり、そのため級友から疎外されるようになった彼、その姿を不憫《ふびん》に感じて行動を共にするようになった小池さん、そこで気づいた彼独自の価値観や世界観、それを知った小池さんが精神障害のある人々に対して一層の関心と共感を養われたこと。

流れるように自然な成り行きですが、決して当たり前のことではありません。私たちは幼年期に地域や学校で無数の出会いを経験します。精神障害の当事者や家族の姿もきっとその中にあったはずですが、私たちはなかなか気づきません。気づいて一瞬の波紋を心に感じたとしても、波紋の源や行方を追う者はまれでしょう。

波紋を追い続けた自身の歩みが「イエス・キリストによる導き」であったと言う小池さん、それを聞いて私は「召命」ということを思いました。この言葉は、もっぱら牧師の献身と結びつけて考えられがちですが、宗教改革者ルターはすべての信徒がその職業生活において、神に呼ばれ召し出されていると考えました。職業召命観と呼ばれるこの考え方は、欧米の近代的な職業倫理を支えるものとなりましたが、今日の社会状況や職場の現実の中では空《むな》しく響くことのほうが多いのではないでしょうか。それだけに小池さんの証しは新鮮です。

小池さんの活動の場である共同作業所ホサナショップは、もともと一人の教会員が精神障害のある息子さんのために発意して開設されたとのこと。友人にせよ家族にせよ、目の前の一人を大切にする一条の思いが、時を経て太い絆に縒《よ》り合わされていくのです。その実りを見て、そこに聖霊が働いておられることを私たちは知ります。

ホスピタリズムと社会技能訓練

祝福された歩みの中で、自分がおかした一つの失敗を小池さんは率直に記しました。「最後は精神科病院に戻りたい」と言う利用者さんに、善意から「せっかく退院したのにもったいない」と励ましの言葉をかけたところ、逆に「あなたは何にもわかっていない」と無理解を指摘された、要約すればそういう話です。

これを読んで、ある公立病院で聞いた話を思い出しました。この病院でも御多分にもれず入院の長期化が問題になっており、統合失調症などによる長期入院患者の退院促進が課題として挙げられました。そこでまず、退院の妨げになっている要因は何かを明らかにする目的で院内調査を行ったところ、筆頭に挙がったものの一つが患者さん自身の消極性、つまり「退院したくない」という気持ちだったのです。

考えてみれば驚くには当たりません。慣れた環境を離れて生活を一変させるのは、誰にとっても困難なものです。引っ越しや海外生活、定年退職に伴う生活の変化など、いくらでも例は挙げられるでしょう。まして数年、数十年越しで入院生活を送ってきた人が、人生も後半に入って地域生活に復帰しようとするとき、そこに待っているのは通常からは想像もできない環境の激変です。尻込みするのも無理はありません。

2014（平成26）年　精神病床退院患者の退院後の行き先

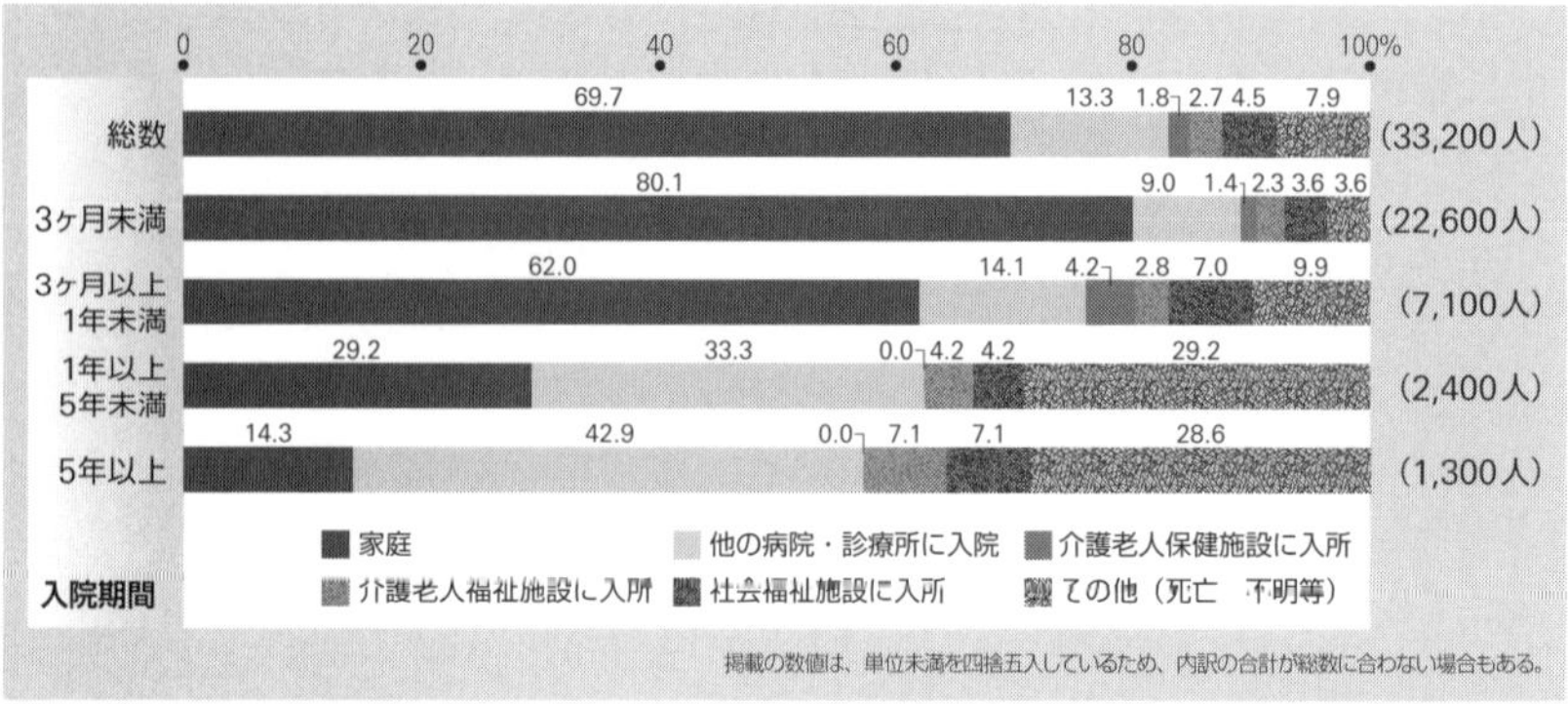

資料：厚生労働省「患者調査」より 厚生労働省障害保健福祉部で作成

こうした変化への適応を支援する技法の中に、社会技能訓練と呼ばれるものがあります。認知行動療法（ものの見方［認知］や行動のクセを自覚し修正することによって、ストレスを克服する力の向上を図る心理技法）の手法を応用したもので、具体的な日常の場面を想定し、適切なやりとりを練習するといったことが行われます。その題材によく用いられるのが、「知らない場所で、たまたま通りかかった人に道を尋ねる」とか、「遅刻したときに上手に言い訳する」とかいったものです。

たとえば道を尋ねる場合、やや遠くから「すみません」と声をかけ、相手が振り向いてくれたら笑顔で距離を詰めながら、「道がわからないのですが、教えていただけないでしょうか」と頼むといった一連のコツがあり、私たちは特に考えもせずこれを実行しています。苦もなく実行できるのは日頃の生活の中で、絶えず反復練習しているからです。「道を尋ねる」とか「遅刻の言い訳をする」とかいった場面そのものでなくとも、類似の尋ね事や弁明は文字どおり毎日のように繰り返しているでしょう。こういった些細で微妙な対人交渉は、長期的な入院生活の中で最も欠如しがちであり、それゆえ長期入院者が最も苦手とすることなのです。

ホスピタリズム（施設症）という概念がここで想起されます。もともと児童心理学から出てきたもので、乳幼児期に何らかの事情で長期的に親から離され、施設や病院で生活した際に生じる情緒や身体発育の問題を指すものでした。精神保健福祉の領域でもこれを援用し、長期入院の結果として生じる意欲や社会性の低下をホスピタリズムと呼ぶことがあります。さらに患者や入所者の主体性を見失い、ただの管理対象としか見なくなるサービス提供側の問題をも、ホスピタリズムに含める考え方もあります。

この概念を借用するなら、右に述べた対人交渉能力の低さやそれゆえの自己不全感は、まさにホスピタリズムの症状に他なりません。件《くだん》の患者さんと小池さんがともに直面していたのも、精神科長期入院に伴うホスピタリズムの問題でした。

受容と励ましと中二階

ホスピタリズムをめぐって、私たちは非常に難しい問題に直面します。患者さんたちが退院に消極的になるのは、ホスピタリズムによるところが大きいのです。しかもそれは患者さん自身の責任ではありません。長年、社会から疎外された末、今度は困難を乗り越えて地域で生活しろなどと言われ、反発したくなっても無理はないでしょう。「あなたは何にもわかっていない」という患者さんの言葉には、そうした社会の制度や風潮に対する大きな憤りが滲《にじ》んでいます。

とはいえホスピタリズムを克服しようとするなら、どうしても患者さんが自分自身の消極性を乗り越える決意が必要です。援助する側も、患者さんの気持ちをよくよく承知の上で、あえて背中を押すこともあるでしょう。

「もったいないですよ」「地域で生活していけるようにいろいろな制度もありますよ」という小池さんの言葉は、内容としては少しも間違っていません。小池さんの反省はそこにあるのではなく、そうした正しい励ましや助言を口にする前に、いったんは相手の気持ちになってつらさを理解し、希望を受容する必要があったのに、その大事なステップを省略してしまったことに向けられています。善意の援助者だからこそ起きたことではなかったでしょうか。

復活の主イエスがエマオへ向かう道で、二人の弟子に顕現されたルカ福音書24章の場面が思い出されます。そこで主イエスは、すっかりご存じのはずの弟子たちの繰り言を黙って最後までお聞きになり、それからあらためてすべてを説明なさいました。傾聴と受容、励ましと助言を繰り返しながら、語る者と聞く者が並んで歩みを進めていく、援助関係の原型が奇しくもここに現れています。

こうした関係を構築していくためにも、関係を支える場の重要性が痛感されます。小池さんが文章の後半で熱っぽく説いている「地域のコミュニティー」の必要性は疑うべくもありません。それに引き換え現実の教会や信徒の理解がまだまだ不足していること、その対策として「学び」と「連携」が重要であることはもっともです。

一つ付け加えるとすれば、教会がそのような場を目指すにあたって、高邁《こうまい》な理想を性急に追う必要はないだろうということです。ホスピタリズムの厚い殻を破って社会復帰を試みる人々にとって、現実の地域生活はあまりにもハードルの高いものです。せめて病院と地域との中間に位置する中二階のような場所があればと、切望する人は多いのではないでしょうか。

教会がほどよい中二階の役割を果たし、そこに人々が安心して集う風景を、小池さんの証しを読んで思い描きました。

アルコール依存症からの回復——12ステップで信仰が深まる体験へ

片山功一（かたやまこういち）**さんに聞く**
東京・カトリック田園調布教会信徒
（聞き手・『信徒の友』編集部）

片山功一さんは介護ヘルパーの仕事の傍ら、アルコール依存症の自助グループのミーティングに週に一～二回通っている。飲まない生き方を続けるためだ。そのミーティングで参加者たちが経験と力と希望を分かち合い、さらに依存症から回復するためのプログラムに取り組む。それは片山さんの日々の生活の中で、いや、人生にとって欠かせない営みだ。

しかし、なぜ通い続ける必要があるのか。「常に自分が何者かを知るため」と片山さんは答える。自分がアルコール依存症であることをミーティングのたびに確認するのだ。そうやって飲まない生活を始めて、七年が過ぎている。

飲酒の問題は毎日飲まなくても

　もともとお酒が好きだったという片山さん。出身は群馬県桐生市で、日本の多くの地方がそうであるように車社会だったため外で飲む機会はあまりなく、家では缶ビール一、二本を空ける程度だった。しかし、たまに地元の青年の集いなどで飲む機会があると意識を失うまで飲んでしまうのが常だった。片山さんは「人と飲むと気分が高揚して、気づくと飲み過ぎてしまっていて、あるところから記憶がぷつっと途切れていた」と振り返る。

　二五歳で上京して印刷関係の仕事に就いた。都内なので車は必要なく、飲み屋には事欠かない。そのような環境の中で、意識を失うほどに

片山功一さんが所属するカトリック田園調布教会の聖堂にて

飲むことが増えていった。一度、飲み過ぎて大失態を演じ、職場に迷惑をかけたことがある。「田舎の親には絶対に知られたくなかった」と、当時通っていた教会の神父に頼んで職場に来てもらい、「もう二度としません」と一緒に上司に謝ってもらった。

その折に、教会で平日の晩にアルコール依存症の自助グループの集いが行われていることを神父から聞いた。そして参加してみたらどうかと勧められたが、断った。自分はまだそこまではないと。実は、高校三年生のときに洗礼を受けたカトリック桐生教会でも、そうした集いが行われているのを知っていた。二〇歳で飲み始めたころから自分の飲み方がおかしいと薄々気づいてはいたが、毎晩飲まずにいられないわけではないと自分に言い聞かせ、そこに足を運ぼうとはしなかった。今回もそうだ。「自分がアルコール依存症だと認めたくなかった。認めたら飲めなくなるから」。

その後もお酒による失敗は数知れず、行き倒れと思われて警察の厄介になったこともある。しかし、そのような中でも片山さんは人生を共にするパートナーの女性に出会い、三二歳のときに結婚。ほぼ同時期に介護ヘルパーの資格を取り、福祉業界に転職した。やがて子どもも生まれ、障害者介助の仕事をコンスタントにこなしていったが、飲酒の問題はまったく改善されなかった。それどころか、仕事帰りに職場近くで飲み、さらに家の近くの店でまた飲む、はしご酒を繰り返すようになった。そうなると当然仕事にも支障を来すようになり、ついにヘルパー派遣会社の社長から、自助グループに行くように言い渡された。「そうでないとクビだ」と。「実は自助グループに行く前の二年間くらいは、家でも家族が寝てから飲むなど、ほぼ毎日の飲酒になっていた。家で飲んでから近所の店に飲みに行き、業を煮やした妻が小学生の息子を店まで迎えに来させたこともあった」と片山さんは悔いる。息子が小学校五年生のときに、仕事を失うかもしれない段になって、やっと自助グループにたどり着いたのだった。

自助グループに通い始めて

自助グループのミーティングは全国各地、都内でも随所で行われていたので、片山さんは仕事の帰りに行きやすい会場を選んで通い始めた。しかし、少なくない当事者がそうであるように、片山さんも何度かスリップ（再使用。ここでは再飲酒）した。そこで、グループの仲間に勧められたこともあり初めて精神科を受診、アルコール依存症と診断された。しばらくは通院しながら自助グループ通いを続けた。そして、二〇一二年の八月三一日。片山さんはこの日をはっきり覚えている。この日以来、飲まない日々を続けているからだ。

ミーティングでの回復プログラムの中で、自分がどうして大量飲酒を繰り返してきたのか原因を追及していく作業があった。最初片山さんは、「どうしてと問われても、飲み出したら止まらなくなるのが依存症では」と思っていた。しかし、振り返っていくうちに自分に身体障害のあることが要因になっていると気づいた。

片山さんは幼少期から脳性麻痺により言語と歩行に障害がある。言葉は相手がほぼ聞き取れる程度だし、足は不自由ながらも補助具なしで自立歩行できるため、両親は片山さんを小学校から高校まで普通学級に通わせた。しかし、つらいことが少なくない学校生活だった。「特に体育の授業ではハンディがあった。運動会の徒競走でもひどく遅れてのゴール。そして、小中高とずっといじめられてきた。そうしたつらさが積み重なって〝酒の肴〟になっていた」。

その後、自分の過去を掘り下げていく作業の中で、大量飲酒の誘因である生きづらさには身体障害だけでなく性的違和もあることに行き当たった。幼稚園のころから女の子と遊ぶのが好きで、自分もスカートをはきたいと思っていた。小学校時代も同様で、自分の身体的性と心の性との間に乖離《かいり》を感じていた。中学生になると初恋の相手は男性で、その相手と数年間交際した。

その後、女性と交際したこともあるし、女性と結婚して家庭を築いているわけだが、いわゆる性的少数者であることに「もどかしさを感じていた」と振り返る。そうした性自認と性的指向は変わるものではないので、結婚前に妻に話して一定の理解を得ている。現在高校生の息子も彼なりに理解しているという。

回復の途上は信仰の道のり

片山さんが通うアルコール依存症の自助グループでは、回復のために「12ステップ」を用いている。先述のように「依存症になった原因としっかり向き合うこと、それらを神に差し出し、神に心を向け、問題を取り除いてもらえるよう神に願い祈る。これらはステップ5から7の作業であり、罪の告白、回心、悔い改めそのもの」と片山さんは言う。

ここでいう「神」とは「自分なりに理解した神」と書かれているように、自分を超越した存在、ハイヤーパワーを意味し、特定の神を指すものではない。しかし、そもそもこの12ステップがその内容からしても、キリスト教の文化を背景に生まれたプログラムであることは、本書の読者にとって想像に難くないだろう。

片山さんもそのことを実感している。「12ステップを使った回復プログラムでは、人間関係や信頼関係などお酒の問題で失ったものを取り戻す作業もある。この『埋め合わせ』（ステップ9）は欠かせないもの。それ以外のステップも、一つ一つで自分の信仰を問われているように感じる。だから自助グループに通うこと、回復の状態を維持し続けることは信仰を養う機会にもなっていると思う」。

そんな片山さんが高校三年生のときに洗礼を受けたのは、カトリックの幼稚園に通った原体

12のステップ

1 私たちはアルコールに対し無力であり、思い通りに生きていけなくなっていたことを認めた。

2 自分を超えた大きな力が、私たちを健康な心に戻してくれると信じるようになった。

3 私たちの意志と生き方を、**自分なりに理解した**神の配慮にゆだねる決心をした。

4 恐れずに、徹底して、自分自身の棚卸しを行ない、それを表に作った。

5 神に対し、自分に対し、そしてもう一人の人に対して、自分の過ちの本質をありのままに認めた。

6 こうした性格上の欠点全部を、神に取り除いてもらう準備がすべて整った。

7 私たちの短所を取り除いて下さいと、謙虚に神に求めた。

8 私たちが傷つけたすべての人の表を作り、その人たち全員に進んで埋め合わせをしようとする気持ちになった。

9 その人たちやほかの人を傷つけない限り、機会あるたびに、その人たちに直接埋め合わせをした。

10 自分自身の棚卸しを続け、間違ったときは直ちにそれを認めた。

11 祈りと黙想を通して、**自分なりに理解した**神との意識的な触れ合いを深め、神の意志を知ることと、それを実践する力だけを求めた。

12 これらのステップを経た結果、私たちは霊的に目覚め、このメッセージをアルコホーリクに伝え、そして私たちのすべてのことにこの原理を実行しようと努力した。

（AAワールドサービス社の許可のもとに再録）

験から、教会なら安心できると思ったからだという。学校でずっといじめられ続けてきたこと、自分の性の在り方に違和感を持ち続けてきたこと……。神さまはそんなありのままの自分を受け入れてくれると思い、苦しみをすべて神さまに委ねようと神さまの子になった。

その後、アルコール依存に陥るなど放蕩息子のような歳月も送ったが、それでも神への信頼は揺らがない今がある。「アルコール依存症になったことは悲しいことだが、そのおかげで自助グループと出会い、それは自分の信仰を深めるためのツールにもなっている。これからも自助グループにしっかりつながり続けていたい」と片山さんは明るく語る。

自分がアルコール依存症であることを片山さんはあえて隠していない。お酒の席でソフトドリンクを飲んでいると、お酒は飲まないのかよく尋ねられる。そんなときは自助グループに通っていることも含めて正直に話している。そして、自助グループの仲間をはじめ人々に、こんなメッセージを発していきたいと思っている。「障害のある僕でもお酒をやめられたのだから、あなただって必ずやめられる」。ステップ12、派遣された者のミッションだ。

飲まない生活を続けることは、片山さんにとっては主イエスに向かって信仰者として歩を進めることでもあるのだろう。

レスポンス

誰もがなりうるアルコール依存症——自助グループの大いなる力

石丸昌彦

アルコール依存症の難しさ

アルコール依存症には、これまで本シリーズで取り上げてきた疾患とは違った特有の難しさがあります。「その人が自ら酒を飲み続けない限り、アルコール依存症にはならない」。これがその難しさの在《あ》り処《か》です。「酒を飲む」という自分自身の行為が、病気を作り出し維持する不可欠の条件であること、これが統合失調症などとは決定的に違う点です。

このことは「責任」の問題とも関わってきます。例えば統合失調症の場合、病気にかかってしまったことについて本人には何の責任もありません。統合失調症の発症メカニズムはまだ十分にわかっていませんが、なろうとしてなれる病気ではないことははっきりしています。それは地震や台風に見舞われるのと同質の、降りかかってきた災難なのです。

アルコール依存症の場合は事情が違います。「酒を飲む」という行為に関する限り、本人は責任を免れることができません。世の中に飲酒をあおる広告や刺激が蔓延《まんえん》しており、職場や交友関係の中で絶えず飲酒を促されるとしても、「飲む」ことを選んで実行してきたのは自分自身です。降ってきた災難とはいえません。

では、アルコール依存症は本人の嗜好《しこう》と選択の問題であって、要するに本人が悪いのでしょうか。そう決めつけるのも的外れです。アルコール依存症をはじめとする依存性疾患の難しさは、進行するにつれ自分の意志でブレーキをかけられなくなっていく点にあります。止めようという意志を持つこと自体も難しくなり、自分が飲酒によって多くの問題を引き起こしていることや、そもそも飲酒している事実そのものを認めることすら困難になります。これが「否認」と呼ばれる厄介な症状で、この時点では脳の働きが深刻に損なわれていると考えねばなりません。

とりわけ問題を複雑にするのは、どこまでが健全な嗜《たしな》みでどこからが病的な飲酒か、その境界線を引くことの難しさです。症状の出そろった依存症を診断することなら誰でもできるでしょう。しかし、一見したところ主体的に酒を楽しんでいるかに見える全国数百万人の多量飲酒者のうち、既に引き返せないレールに乗っているのは誰なのか、それを見分けるのは至難のわざです。

「一盃は人、酒を飲む。二盃は酒、酒を飲む。三盃は酒、人を飲む」。千利休が語ったと伝えられるこの警句は、誰にとっても他人事ではありません。

自助グループで何が行われるのか

だからこそ、片山さんの自己開示に敬服しました。よくぞ勇気を出して語ってくださったと思います。自助グループにもっと早くつながる可能性があったのに、いたずらに時間を空費したことを片山さんは悔いていますが、決して遅過ぎはしなかったでしょう。「仕事を失うかもしれない段になって、やっと自助グループにたどり着いた」のはむしろ幸運、仕事も家庭も文字どおりすべて失い、命からがら自助グループに漂着する人が実際には多いのです。

アルコール依存症は、かつては不治の病とされました。今日でも、難治で予後不良の慢性疾患であることに変わりはありません。嫌酒薬（抗酒薬）と呼ばれる薬は存在しますが、本人が進んで飲まないと意味がないので実際の効用は限られています。診察室の中での一対一の精神療法には限界があり、どんな名医も酒という物質の魅力・魔力には勝てないとしたものです。

AUDIT（アルコール使用障害スクリーニング）

❶あなたはアルコール含有飲料（お酒）をどのくらいの頻度で飲みますか？

0飲まない　1 1か月に1度以下　2 1か月に2〜4度　3週に2〜3度　4週に4度以上

❷飲酒するときには通常どのくらいの量を飲みますか？
＊1ドリンクは、ビール中ビン半分（250ml）、日本酒0.5合、焼酎（25度）50mlに相当

0 0〜2ドリンク　1 3〜4ドリンク　2 5〜6ドリンク
3 7〜9ドリンク　4 10ドリンク以上

❸1度に6ドリンク以上飲酒することがどのくらいの頻度でありますか？

0ない　1月に1度未満　2月に1度　3週に1度　4毎日あるいはほとんど毎日

❹過去1年間に、飲み始めると止められなかったことが、どのくらいの頻度でありましたか？

0ない　1月に1度未満　2月に1度　3週に1度　4毎日あるいはほとんど毎日

❺過去1年間に、普通だと行えることを飲酒していたためにできなかったことが、どのくらいの頻度でありましたか？

0ない　1月に1度未満　2月に1度　3週に1度　4毎日あるいはほとんど毎日

❻過去1年間に、深酒の後体調を整えるために、朝迎え酒をしなければならなかったことが、どのくらいの頻度でありましたか？

0ない　1月に1度未満　2月に1度　3週に1度　4毎日あるいはほとんど毎日

❼過去1年間に、飲酒後罪悪感や自責の念にかられたことが、どのくらいの頻度でありましたか？

0ない　1月に1度未満　2月に1度　3週に1度　4毎日あるいはほとんど毎日

❽過去1年間に、飲酒のため前夜の出来事を思い出せなかったことが、どのくらいの頻度でありましたか？

0ない　1月に1度未満　2月に1度　3週に1度　4毎日あるいはほとんど毎日

❾あなたの飲酒のために、あなた自身か他の誰かがけがをしたことがありますか？

0ない　2あるが、過去1年にはなし　4過去1年間にあり

❿肉親や親戚、友人、医師、あるいは他の健康管理にたずさわる人が、あなたの飲酒について心配したり、飲酒量を減らすように勧めたりしたことがありますか？

0ない　2あるが、過去1年にはなし　4過去1年間にあり

■〜7点「問題飲酒はないと思われる」
■8〜14点「問題飲酒はあるが依存症には至らない」
■15点〜「依存症が疑われる」

出典：厚生労働省「保健指導におけるアルコール使用障害スクリーニング（AUDIT）とその評価結果に基づく減酒支援（ブリーフインターベンション）の手引き」より

そのように匙《さじ》を投げられていたアルコール依存症のただ一つの光明が自助グループによる断酒活動でした。片山さんの証しでも紹介されたとおり、そうした自助グループはアルコール依存症の当事者の集まりです。そこで断酒のための特別の秘訣が伝授されるわけではなく、参加者が自分の心のたけを率直に語り合い耳を傾け合う、語りっぱなしのミーティングを愚直に続けるものです。

断酒会の原型とも言えるアメリカ発のＡＡ（アルコホーリクス・アノニマス）は、一九三〇年代に二人のアルコール依存症者によって始まりました。ビルとボブというこの二人は会って語り合うことを続けるうちに、一人ではどうしても実行できなかった断酒という難事が、いつの間にか達成できているのに気づきました。この二人の輪が大きく広がってＡＡへと成長し、今では世界各地に合計二〇〇万人ものメンバーがいるものと推定されます。

日本の飲酒者の状況（2011年）

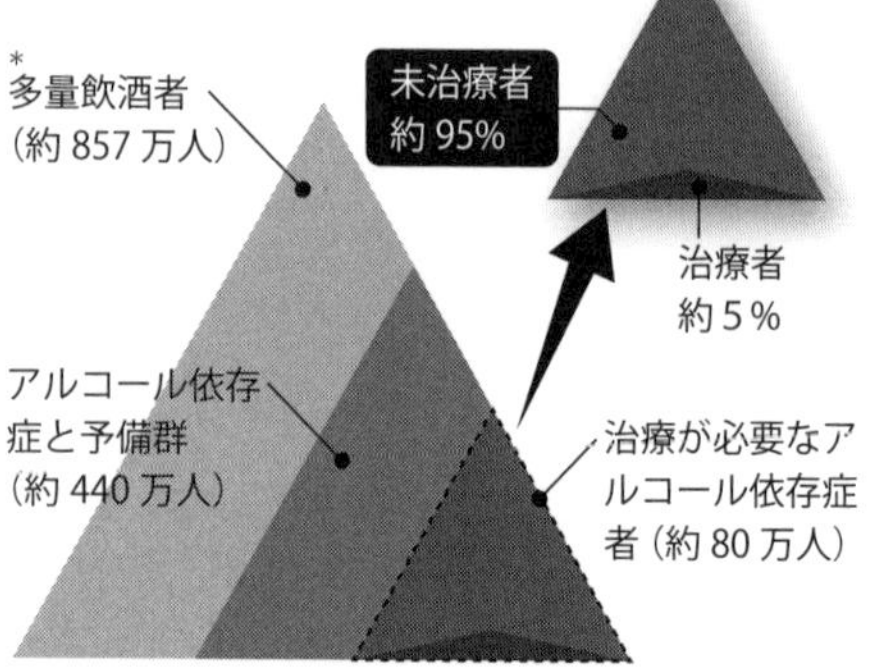

＊多量飲酒とは1日平均純アルコール60g（日本酒で3合、ビールで中ビン3本）を超える飲酒のこと
資料：アルコールソーシャルワーク理論生成研究会「アルコール依存症者のリカバリーを支援するソーシャルワーク実践ガイド」（平成26年3月）より

ただ集まって語り合うだけで不可能が可能になるということを、信じない人も当然いるでし

ょう。しかし、ＡＡをはじめとする自助グループに参加する人としない人では、その後の断酒の維持率や寿命に格段の違いがあることが、専門家の調査によって実証されています。

「自助グループに行かないならばクビ」と片山さんに言い渡した派遣会社の社長さんが、こうしたことをどこまで知っていたかわかりませんが、最後通牒《つうちょう》とも言えるこの宣言は、実は片山さんに救いの道を示す天啓とも言えるものでした。天使は時にはこんな形でメッセージを伝えるのかと、目からウロコが落ちる思いがします。

不可欠な仲間との支え合い

片山さんは、自身が大量の飲酒を繰り返すに至った原因を丹念に振り返っています。これはたいへん貴重なことだと思いますが、必ずしもすべてのケースに原因やきっかけがあるわけではありません。

アルコール依存症に見られる特有の症状やその背景にある脳の働きの変調は、酒類に含まれるエチルアルコールの長期反復投与の結果として生じるものです。毎晩大量に飲む習慣を長期的に続けたら、心理的要因の有無にかかわらず多くの人がアルコール依存症に陥るでしょう。どんな理由で飲んだかが問題ではなく、どんな理由にせよ飲み続けてきたことが病気を起こすのです。

従ってアルコール依存症は、特定の性格や特定の生い立ちの人のみを見舞うのではありません。ある程度酒の飲める人なら誰でも危険があるのです。危険が現実のものとなる道筋は人によって千差万別ですが、アルコール依存症になってしまった後の姿は驚くほど似ています。このことを、それぞれ別の道をたどって登った山頂から、同じ眺めを見るのに例えた人がありました。

この例えを借りるなら、アルコール依存症からの回復過程は注意深く山を下りていく作業に当たるでしょう。別々の道を孤独に登ってきた往路とは違い、復路は自助グループの仲間たちと助け合いながら下りていくのです。

ＡＡのミーティングを見学したことが何度かあります。信仰告白にも似た12ステップから始まって、語り合いつつ苦悩と希望を分かち合うメンバーの姿を見るとき、いつも思い浮かぶのは、以前にも引用したあの聖句でした。

「二人または三人がわたしの名によって集まるところには、わたしもその中にいるのである」（マタイ18・20）

今日もまた多くの人々が、見えない主を仰いで集っていることでしょう。

薬物依存症からの回復――人と人との関係性の中から

中川賀雅（なかがわ　よしまさ）
長崎ダルク代表
長崎・カトリック西町教会信徒

九州のある都市に生まれ育った私は、父母と三歳下の弟の四人家族でした。一三歳のとき両親は離婚しましたが、元々家を留守にすることが多い父だったので寂しい思いはありませんでした。幼いころから口論、罵倒、暴力が家庭では日常でした。離婚してまもなく、父は借金の返済が滞り、保証人になっていた母がすべての負債を抱えることになりました。数か月後、母は体調を崩し、私たちを道連れに心中を考えたのですが死ねませんでした。母は私たち子どもを育てながら、とにかく必死に働いて根性で毎月数十万円を返済しました。

早く大人になって自立したい、お金を稼いで家を出たい。その思いは間違った方向に進み、深夜徘徊《はいかい》、無免許運転、タバコ、酒に身を落とし、にぎやかで華やかなものに引き寄せられ、ライブハウスやディスコが私の居場所でした。そんな生活を送る中で二〇歳のとき、友人から誘われ、初めて覚せい剤を使いました。クスリの威力はすさまじく、魔法にかかったような快楽と開放感が得られ、おまけに体調もすこぶる良くなり、こんないいモノならもっと早くやっとけばよかったと思いました。

　しかし、クスリのために生きる暮らしはやがて底を尽きました。嘘と借金を重ねた結果、友人は離れていきました。傷だらけの腕の血管に注射器の針を突き刺しながら「何でこうなってしまったのか」と自分の人生を呪い、幻聴と妄想の中で自殺未遂をしました。ぼろぼろに壊れ、それでもクスリをやめられない様を母が知ることとなり、

現在、20名ほどが依存症からの回復を目指してリハビリしている
長崎市内の長崎ダルクの事務所にて

私を精神科病院に連れて行きました。

どん底から押し上げられて

「薬物依存症です」と診断された二四歳の春、私は精神科医に紹介された福岡市のカトリック美野島司牧センターにある九州ダルクを訪ねました。ダルクは薬物依存症からの回復と社会復帰支援を目的とする回復支援施設です。スタッフを名乗る男性が「私も薬物依存症。今は使っていないが、一人ではやめられなかった。毎日やっているグループ・ミーティングに仲間と参加して今日一日をクスリなしで生活している」と話しかけてきました。

依存症は治らない病気だと聞いていましたが、ここに来て回復はできることがわかりました。それで私は二、三か月ここで頑張ってクスリを抜けば元気になって仕事に就けるだろうと簡単に考えていました。しかし現実は二、三か月頑張ってやめたものの再使用してしまい、精神科病院に入院しました。入院中はひどいうつ状態が続き、死ぬことばかり考えていました。そんな中、ダルクの仲間が面会に来て、こう言いました。「おまえはもうクスリを使い続けられる体じゃない。病気なんだ。それでも今、生きているのは生かされているからではないのか」。私はなぜ自分のような者が生かされているのか不思議でなりませんでした。

書籍紹介

『ダルク 回復する依存者たち』

ダルク 編（編集責任者 市川岳仁）
明石書店　四六判 272ページ／2000円（本体）

1980年代、まだ日本の社会が薬物依存症問題に無関心で不寛容だった頃、何人かの当事者が自分たちのための「場」を作った。それはDARC（ダルク）と呼ばれ、多くの回復者と可能性を社会に還元していった。ダルクは私たちのふるさとであり、原点である。――「はじめに」より

その後またダルクでの生活が始まり、一日一日を仲間と共にリハビリ生活を送りながら一年半が過ぎたころ、ダルクを退所。アルバイト生活を送る中、ダルクの代表から声をかけてもらい、九州ダルクの手伝いを始めました。その後、私はまだ薬物依存症の更生施設がなかった長崎にダルクをつくる役割を担うこととなり、カトリック愛宕《あたご》教会の一室を借りて家族相談と当事者ミーティングを行うようになりました。

各地のダルクの活動場所や支援はカトリック教会に多く、それはアルコール依存症のリハビリ・プログラムや施設運営を以前から日本で積極的に取り組んできた背景があるからです。もっとも、薬物依存症者を支援するので部屋を貸してくださいと頼んでも、貸してもらえるような社会的認知・受け皿が全然なかったのです。今でもそうですが、薬物依存症は病気や障害という認識よりも犯罪というスティグマ（社会的烙印）が当時はもっと大きかったのです。

私自身も病気としてきちんと向き合うよりも、「意思が弱いから、だらしないから、もっと強く生きなきゃならない」と思ってしまっていたため、自己否定が強く、自分自身を受け入れることが本当に大変でした。一方で、薬物依存症者に共通してよく見られることなのですが、他者を信じることも苦手で、自意識がやたらと強く――私たちはそれを「腐ったプライド」などと表現することがありますが――クスリをやめ続けていても、その生きづらさはなかなか手放せないでいました。

当事者として援助する

長崎に移り住み、一九九九年に長崎ダルクを開設しました。その代表として運営に携わる中で、社会の依存症者無理解に苦しみ、私がこんな活動をやっているからうまくいかないのではと悩んでいたとき、教会のある男性信徒から瓶《びん》に貯めたお金と箱いっぱいの野菜、お米をもらい、言われました。「中川くん、とにかく祈りなさい。神さまに『あなたの力が必要です』と祈りなさい」。私は支えられている温かさを感じ、うれしく思いました。多くの人たちからの有形無形の支援を受け、長崎ダルクは来年で開設から二〇年を迎えます。

ダルクは薬物という依存対象物をやめる、やめさせるところだと思っている人が多いと思います。実際に依存症者が薬物を使い続けることは大きなリスクを背負うことですから、使わない生活（クリーン）を保つのは重要なことです。しかしもっと大事なことは生き延びることです。生きづらさを抱えた依存症者たちは、クリーンになりさえすれば幸せになれるわけではありません。

ダルクでは12ステップ・プログラム（130ページ参照）を中心に午前は一時間半のグループ・ミーティング、午後はテキストなどを使った分かち合いやヨガ・スポーツなどのレクリエーションを取り入れています。夜は薬物依存症者の自助グループNA（ナルコティクス・アノニマス）などに参加します。

このように依存症からの回復に必要な活動は盛りだくさんなのですが、私自身はプログラム活動だけが回復の要因だとは思っていません。最も大切なことは、これらの活動を仲間と共にやっていくことだと実感しています。依存症は人と人との関係性の病だと思うからです。実は、家庭環境、学校、社会などコミュニティーの中で傷を受けトラウマを抱えている依存症者がとても多いのです。

そのため依存症からの回復と成長には、縦よりも横のつながりでの信頼関係作りから始めることがポイントです。仲間とは時に摩擦も起こります。しかし、他人行儀で心に壁を作り摩擦を避けることより、シラフで正直に生き自分を受け入れていく（自分と仲直りする）ことが必要なのです。

二〇一八年、カジノを含む統合型リゾート（ＩＲ）実施法が可決成立し、ギャンブル依存症の問題が報道されていますが、当事者として、また援助者として思うことはアルコール・薬物・ギャンブルなど依存症に区別はないということです。アルコールは止まっているが向精神薬（処方薬）乱用依存が問題となったり、薬物は止まっているがギャンブルの問題が浮き彫りになったりすることなどは珍しい話ではありません。依存する対象が変わっていくだけのこともあるのです。ですから、依存症に対する誤解や偏見をなくしていく啓発も大切だと思います。病気なのだから病院で治療すれば治る、非合法などのクスリに手を出すのだから刑務所に送ればいい、こうした誤解や偏見が依存症の問題をこじらせ、当事者への早期介入や支援を難しくするのです。

とはいえ、何か特別なことをする必要はありません。専門家に相談されることの多くは依存症者に対する支援の介入方法です。私はこう答えます。「目の前の当事者が食事をちゃんととれているか、安全な場所で生活できているか、他に病気（感染症など）の問題を抱えていないかなどを見てほしい。他の障害や生活の問題を持つ方と変わりのない支援をお願いしたい」。

弱く欠けの多い者だからこそ

私は新しい風と光を吹き込まれ復活しました。二四年の回復の道は、毎日幸せでも輝かしいものでもありません。苦しみも悲しみも妬《ねた》みも、いまだもって手放せない古い習慣も持ち合わせています。「完璧な人間になれなくても大丈夫。弱さを認め、仲間と共に歩めば神さまはきっといつもそばにいます」。九州ダルクの開設に尽力され、回復リハビリの日々、起居を共にしたコース・マルセル神父のこの言葉に今も支えられています。

かつて孤独の中、クスリだけが私を救ってくれると思って依存しました。生きることに意味を見いだせませんでしたが、生かされていると知ってからは悲しみの奥にいつも救われたいという気持ちがありました。回復と成長の道を歩み始め、希望を持てるようになって与えられた妻とは結婚して二〇年が過ぎました。三人の子どもは無邪気で明るく、よくダルクに来ては仲間たちに遊んでもらっています。その風景は現実なのですが、不思議な光景です。

必要なものは与えられ、神の計画の中で生かされている。私は与えられた愛を、家族はもとより今苦しんでいる依存症者に与え働きなさいと、祈りの中で神さまから指し示されています。「弱い私にですか?」「弱くてデキソコナイのあなただからデキルのです」。優しい声が私を包み込みます。

レスポンス

誰もが無関係でない薬物依存症——真の回復に教会が果たすべき役割

石丸昌彦

麻薬と覚せい剤

薬物依存症と一口に言いますが、その対象となる薬物は多岐にわたります。人類史上、最も悪名高いのはアヘン（麻薬）でしょう。アヘンはケシの実から抽出される物質で、強い鎮痛作用とともに幸福感や陶酔をもたらす作用があり、同時に極めて強い依存性を持っています。上手に使えば頼もしい医薬品として活躍しますが、多くの人の健康をむしばみ、金もうけに悪用された実害のほうが、はるかに甚大でした。

一九世紀にはアヘンの持ち込みを禁止しようとした清国に対してイギリスが戦争をしかけ、

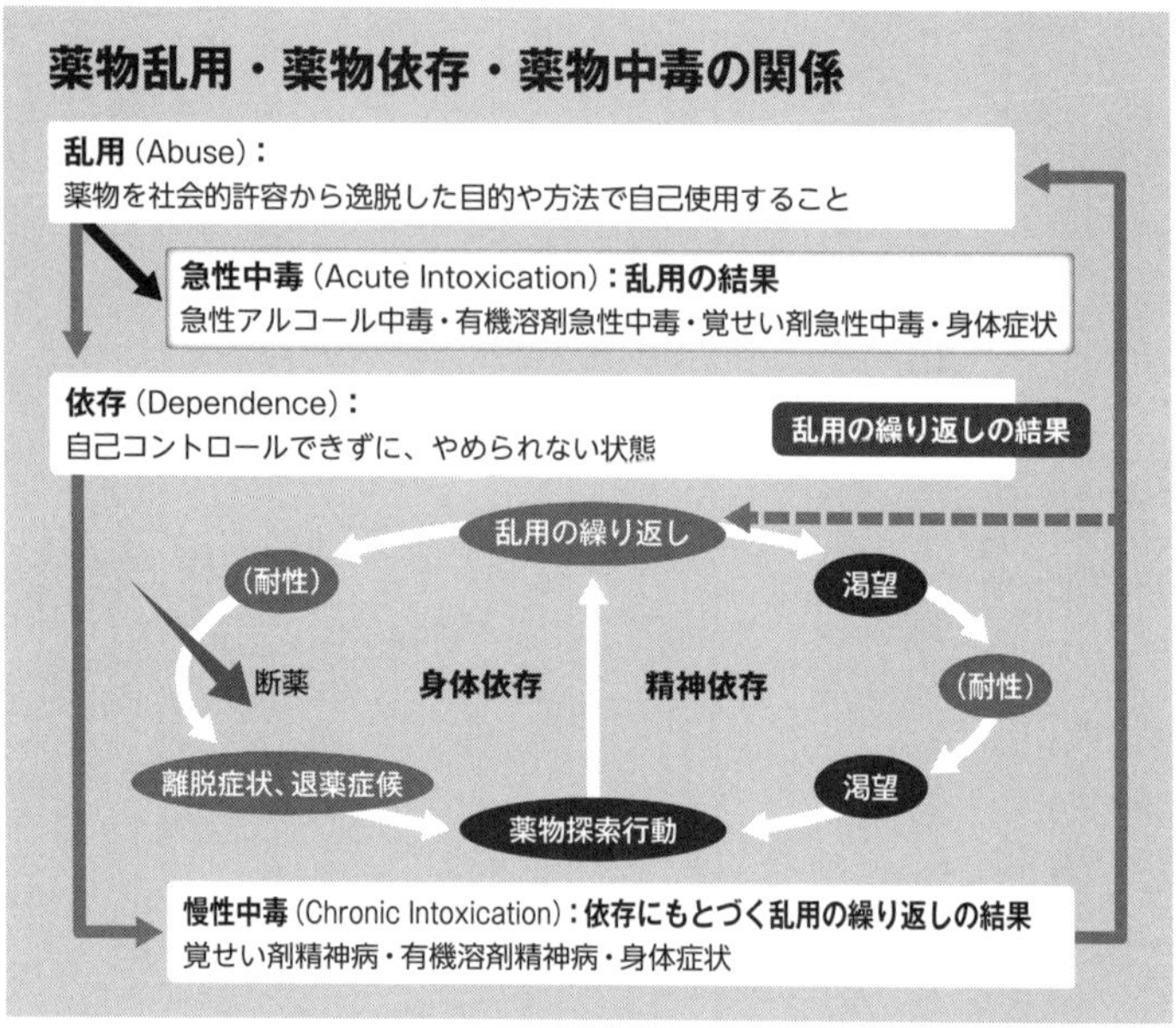

厚生労働省ホームページより

この戦争（アヘン戦争）が中国に対する植民地侵略のきっかけとなりました。世界には、麻薬の所持や使用に対して死刑を含む厳罰で臨んでいる国々が今も数多くあります。麻薬が一国の存立すら危うくすることを歴史が教えているからです。

日本は幸いにして、麻薬の危険に本格的にさらされることはありませんでした。その代わり、覚せい剤の問題が深刻です。覚せい剤の実体はメタンフェタミンという化学物質で、麻薬と違って簡単かつ安価に合成できます。そのため近隣諸国で合成して密輸入するといったやり方で、暴力団の資金源にもなってきました。

覚せい剤はその名のとおり眠気を覚まして頭を興奮させ、心身の活動を活発にする作用があります。戦争中に開発され、兵士の士気高揚に用いられたこともありました。戦後、民間に流出し始めたころは害がよく知られておらず、古い先輩の中には「知り合いからヒロポン（メタンフェタミンの商品名）をわけてもらって受験勉強に使った」と経験談を語る人もありました。頭がさえわたり勉強が非常にはかどったそうで、「こんないいモノならもっと早くやっとけばよかった」と中川さんが感じたとおりです。

しかし、この幸せは長くは続きません。継続使用とともに必要量が増え、数か月以内に幻聴や被害妄想が出現してきます。症状は統合失調症とよく似たもので、本人にとって非常に苦しく不慮の事故につながる危険もあります。

入院などして覚せい剤の使用を中止すれば症状は消えていきますが、本当に大変なのはその後です。覚せい剤の連用によっていったん幻覚や妄想が生じると、長期間にわたって使用を中止した後でも症状が容易に再燃するようになるのです。以前よりずっと少量の覚せい剤や、飲酒・ストレスなど覚せい剤とは無関係の刺激によっても幻覚や妄想が起きるとされ、いったん形成された幻覚や妄想の回路は時間が経っても消去されないことがわかります。

好奇心や無知による一時的な過ちが生涯にわたる禍根につながること、これが覚せい剤依存症の恐ろしさです。

自己責任と社会の責任

アルコール依存症を取り上げた際、「飲酒という自分の行為が病気の一因となる」ことや、そこから来る「責任」の問題に触れました。それならば薬物依存症は、なおのことでしょう。飲酒は合法的な行為ですが、薬物は覚せい剤を含む多くのものが違法だからです。それだけに、中川さんがご自身の経験を包まず語ってくださったことはありがたく、いつにも増してその勇気に敬意を払わずにいられません。

中川さんは自身の生い立ちやお母様の苦労、方向を誤った性急な自立心について語っておられますが、決して自身を正当化しようとはしていません。傷だらけの腕に針を突き刺しながら「何でこうなってしまったのか」と自問したとき、自ずと脳裏に浮かんだ風景について率直に語ってくださっているのです。

そこで考えなければならないのは私たちのほうです。違法な薬物を使用した本人の責任は否定できません。けれども一方で、クスリの魔手から人を守るはずの手段や力が、誰にでも平等に分配されているわけではないのも事実です。

「間違った方向」に進みつつあるときにいさめてくれる先輩や仲間、クスリの恐さを警告してくれる大人に囲まれている若者は幸せです。当たり前の忠告のようですが、家庭の受容力が

ギャンブル依存症とゲーム依存症

▶WHOがゲーム依存症を「ゲーム障害」として病気に認定した。

- **ゲームをする時間などを自分でコントロールできない**
- **ゲーム以外の出来事や関心事の優先度が低くなる**
- **日常生活に支障をきたしてもゲームを優先する**

こういった状態が12か月以上続くと「ゲーム障害」。深刻な場合にはより短期でも診断される。

「ゲーム障害」は、ICD（国際疾病分類）の中で「ギャンブル障害」の直後に置かれている。上記の表現中、「ゲーム」を「ギャンブル」に置き換えれば、そのまま「ギャンブル障害」の記述になる。

参考：朝日新聞、2018年6月19日およびICD-11 for Mortality and Morbidity Statistics (ICD-11 MMS) 2018 version

中川賀雅さんはギャンブル依存症回復施設「グラフながさき」を2016年９月に長崎市内に開設、同代表も務めている。
http://grafnagasaki.net/

低下し地域社会の絆が希薄化しつつある今日、当たり前の忠告を当たり前に与えてもらえない若者が多いのです。そうした魂の空白にクスリがつけ込むことは、見えやすい道理でしょう。

そうだとすれば「違法とわかっていて手を出す者が悪い」で済ますわけにはいきません。若者を守るのはすべての大人の共同の責任です。

依存症に区別はない

時代の空気との関係でもう一つ指摘しておきたいことがあります。中川さんは統合型リゾート（ＩＲ）実施法の可決成立にこと寄せて、「アルコール・

薬物・ギャンブルなど依存症に区別はない」と書いています。記事を読んで、私はこの部分に三重丸を付けました。まさしくそのとおりなのですが、これを読んで「依存症は酒・クスリ・ギャンブルなどに手を出す危ない人間だけの問題」と誤解する人もありそうです。そうではないことは、ゲームやインターネットを考えればわかります。

少し前に、ある教会の依頼で「子どもをゲーム依存から守るには」というタイトルで話しました。私の発案ではなく牧師からの強い要望によるものでしたが、講演の数日前、新聞を見て驚きました。WHO（世界保健機関）の発行するICD（国際疾病分類）と呼ばれるマニュアルが、改訂にあたって「ゲーム障害」という項目の新設を決めたというのです。全国で成人四二〇万人余（二〇一三年調査）、中高生九〇万人余（二〇一七年調査）にネット依存の疑いありとの推計も紹介されており、この問題に着目した牧師の慧眼《けいがん》に感服したものでした。

依存症のメカニズムについてはまだまだ謎が多いのですが、特定の対象物や行為に見境なく没頭して自分をコントロールできなくなっている状態では、対象にかかわらず基本的に同じことが脳の中で生じると考えられています。まさしく「依存症に区別はない」のです。

第二の戒めと依存症からの回復

依存症は今や時代の病となりつつあり、誰にとっても他人事ではありません。その背景には、人の欲望を掘り起こしあおり立てることによって成長と繁栄を維持しようとする、今日の経済の歪んだ構造があります。

依存症との闘いについて、中川さんは多くの有益な示唆を記してくれました。依存症が治らなくとも回復は望めること、依存症は人と人との関係性の病であり、リハビリにおいては仲間と共にやっていくのが最重要であることなど、ヒント満載です。

行を追いながら、教会には果たすべき大事な役割があることを思いました。依存症との闘いは、つまるところ十戒の第二の戒めに帰着するからです。第二戒は通常「偶像を拝んではならない」と要約されますが、その本当の意味は「神ではないものを神としてはならない」ということでしょう。

依存症においては依存の対象がその人の「神」になってしまっています。この倒錯を乗り越えて真の神を神とする信仰に立ち帰ることこそが、依存症における「回復」の意味ではないでしょうか。ＡＡの12ステップが信仰告白そっくりなのは、偶然ではありません。神との正しい関係を築き直すことなしに、依存症からの回復はあり得ないからです。

依存症との闘いが、誰にとっても他人事でないというのは、そういう意味です。

共に考える「教会とは何か？」——イエスの心を忘れずに

『信徒の友』編集部

本書のもとである『信徒の友』の連載「シリーズ精神障害」には、連載中から多くの反響があった。本項は「〝助っ人〟や〝執り成し手〟に」（94ページ以下）に続き、反響に対する編集部の応答として掲載されたものである。

理解しようとしなければ

編集部に便りをくれたAさんは双極性障害に苦しむ日々、地元の教会をいくつか訪ねて歩いたが、精神障害があるとわかると暗に敬遠する牧師もいたという。たまたま少し離れた場所に転居することになり、足を運んだ教会の牧師が正面から向き合ってくれた。教会員も精神障害に理解があったため、教会にきちんと通い、祈る中で洗礼に導かれた。

精神障害に対する理解がまずは重要であることは、精神障害のある人を傷つけないためにも不可欠なことだろう。Bさんは「以前所属していた教会の牧師は私が心の病（うつ病）になったとき、『それはあなたの心の中に赦されていない罪があるからだ』と一喝した」と書き送ってきた。理解のないことが偏見を生む一例である。

あるいは当事者自身が誤解して苦しんでいることもある。Cさんは統合失調症を発症し、「自分は精神病になるほどの罪人なのだから、聖餐にあずかることはできない」と思い、配餐時手を引っ込めていた。他の教会員から「（病気ゆえにあなたを罪人とは思わないけれど）自分で自分を罪人と思うのなら、神さまは罪人をこそ招いているのだから、あなたは聖餐にあずかっていいのだ」と言われ、この件は解決したという。理解することの大切さを教えるとともに、罪とは何かをあらためて考えさせる一件である。

しかし、精神障害に対する一定の理解を持っていれば大丈夫と一概には言えない。以下は、Dさんから寄せられたメッセージである。

「ごく最近、精神的に弱いと感じられる求道者の方から電話で相談を受け、うまく運ばなかった苦い経験をし、反省しながら今後どのように関わっていったらよいかと悩んでいる。

この方は比較的長く教会に来られている求道中の方で、ある日突然、主日礼拝の後、私に相談したいことがあるからと自宅の電話番号を尋ねられた。普段礼拝後に声掛けをしている間柄だったので、いいですよと答えて番号を教えたところ、間もない週日、夜遅くに電話があり、約一時間にわたりご自身の家庭のことや、住まいのこと、病院から抜け出したり、強制的に退院(?)したりしたこと、その後は薬を飲んでいないことや、周りで起こっている異常なことなどいろいろ話をしてきた。

実は私自身、民間ボランティアで電話相談を担当していることもあり、最近はこの類の障害のある方からの電話を多く聞いている経験から、今回の場合もゆっくり話を聞きながらも一時間たったころに、やおら『あなたはやはり精神科のお薬は飲まなければいけない』『次回からはもう少し時間を短くしてほしい』などと伝えて電話を終えた。ところが、それっきりその方は教会の礼拝に来なくなり、もう二か月以上になるのに電話もかけてこなくなった。今、私はすっかり参っている。きっと私がその方を病人扱いしたこと、話の時間を制限したことで、自分が拒否されたと受け取ってしまったのだと思う。

その方の病院での診断内容を知るわけでもないのに、その後、『統合失調症の人の気持ちがわかる本』なども買い求めて、少しでも病者の気持ちを理解したいと思ったりもしながら、その方自身の教会との関わりが回復するように祈っている次第だ」

このDさんのように精神障害のある人との関わりに経験があり、ある程度の理解を得て真摯《しんし》に向き合っていても、相手との関係がうまく築けないこともあるのが現実の援助の難しさである。

「できること」と「できないこと」

以前たまたま聞き知った、E教会での出来事を思い出す。その教会に来るようになった精神障害のある男性は求道者ということであったが、やがて同じ教会の女性に会うことに執着するようになった。何か問題を起こすわけではなかったが、男性の視線に耐えられなくなった女性はおびえ、教会に来られなくなってしまった。役員会は検討を重ね方策を練ったが、苦渋の選択として、その男性に教会にしばらく来ないでもらえないかとお願いしたという。

一方で、精神障害のある人を受け入れるに当たって試行錯誤をしているF教会の牧師の話は示唆に富んでいる。

最近、F教会にやってくるようになったGさんは以前は別の教会に通っていたが、そこでの教会生活に納得がいかなかったようで、他の教会員への嫌がらせなど問題行動があった。その教会の牧師は病院に同行するなどしてかなり頑張ってGさんを擁護しようとしたが、結局Gさんは教会に行けなくなってしまったという。

自分を受け入れてくれる教会を探していたGさんがF教会に腰を据えつつあるのは、F教会には精神障害のある教会員が複数いるため、対応に慣れている教会員たちが声をかけているからではないかと牧師はみる。

しかし、Gさんは自分に構ってほしいという気持ちが強く、特定の人に執着して関わりを持つことに躍起になっている。それをなだめると激高し、「こんな教会、もう来ない！」と吐き捨てるように言う。そんなGさんの言動に教会員が動揺することもあるが、牧師の考え、対応はシンプルだ。

「『もう来ない』と言われたら、『来たくなったら、またどうぞ』と返している。私たち教会は閉じてはいない。あえて『おいで』とは言わないが、『礼拝、祈祷会は誰でも参加できるのだから、いつ来てもいい』と言っている。ただ、それ以上のことはできないと伝えている」

「特別なことはしていない」と牧師が言うように、その対応は正論だろう。だが、現場はそう容易ではない。牧師は「こうした言動でいいのだろうかともやもやした気持ちになったり、何もできていないと思ったりしてしまうこともある」と胸の内を明かす。

そのような中で牧師が心しているもう一つのことは、役員会で話し合い、Gさんが攻撃的になったり問題行動を起こしたりしないよう手分けして対応し、Gさんをできるだけひとりにしないようにしようと皆で了解しあっていることだ。このように、たとえ問題行動がある人がいたとしても牧師、あるいは一部の教会員だけで対応するのではなく、教会全体でその人を受け入れようと努めている。

「シリーズ精神障害」を始めるきっかけは、統合失調症のある信徒Hさんからの「精神障害を取り上げてほしい」という再三の手紙だった。「教会に行きたいと思っている精神障害の人はたくさんいると実感している。教会がそうした人たちの受け皿になることを切に願う」と。果たして連載を始めてみると、先述のDさんやE教会、F教会のように、精神障害のある人でも受け入れ共に歩もうと試行錯誤を重ねている教会・信徒が少なくないことが浮き彫りになってきた。

教会は誰のためにあるのか

寄せられた意見、感想は精神障害の当事者が自らの辛酸や苦境を憂えたり、教会との問題を訴えたりするものが圧倒的に多い。しかし、神を信頼できなくなったなど、信仰そのものに対する悩みはほとんどなかった。むしろ、信仰、教会が支えになっているという趣旨の便りもいくつかあった。そのうちの一つを紹介する。

若くして洗礼を受け、程なく統合失調症を発症したIさんは子育てができず、母親と夫が子どもを育てた。その苦労がたたってか夫は心臓を悪くし十数年後亡くなってしまった。「夫と子ども、大切な人をこんなにもおろそかにしてしまい、ただただ自分の胸を叩《たた》いて、『神さま、赦してください、罪人の私を』と祈るのみだった」という。しかし、子どもが結婚したこと、教会でオルガンの奏楽奉仕を続けてきたことには感謝している。周囲の手を借りながら生活し、教会生活を守れてきたことがうかがえる。

精神障害があっても誰かの助けがあればやっていける。もっとも障害があってもなくても人は誰かしらに助けられ生きている。そこに問題が起こることもある。しかし、逃げずに向き合って解決の道を模索していくことが共に歩む一助となることを、「〝助っ人〟や〝執り成し手〟に」で紹介したMさんは経験から語っている。

「〝助っ人〟や〝執り成し手〟に」「教会に集まる当事者たち」に対して、以下の無記名のメッセージが寄せられた。

「そのような人たちの存在を忘れていた。そのような人たちにとって我々の『教会』とは何なのだろうか。弱い者たち、病める人たち、障害のある人たちに寄り添ってくださったイエスの心を我々は忘れていないか。まさか『教会』にとって厄介な人たちなのではないか、邪魔者にしてきたのではないか。『教会』は富める者、健やかな者たちだけの集団なのではないか、そう自問している」

こうした気づき、問いかけを今後も『信徒の友』で分かち合い、「教会とは何か」を共に考えていきたい。

レスポンス

知的理解よりも共感的理解を――相談という作業を見直す中で

石丸昌彦

本書のもとである連載「シリーズ精神障害」は、精神障害の当事者を中心とした皆さんからの貴重な寄稿によって成り立っていました。それを支える編集部は苦労と引き換えに多くのことを学んできたでしょう。「共に考える『教会とは何か?』」は、そうした学びのレポートとも言えるものでした。

行を追いながらいろいろと考えさせられました。その中からいくつかのポイントを取り上げ、振り返ってみましょう。

「理解する」という作業の難しさ

「理解する」ということの重要性はどれほど強調してもしすぎることはありません。人と人とが相和して共存するために、お互いの理解は欠かせない前提のはずなのに、「いつも顔を合わせていながら肝心のことを少しも理解し合っていない」といったことを日々感じます。アッシジのフランチェスコが「理解されるよりも理解することを私が求めますように」と祈ったのも、そうした現実ゆえでした。

「理解」の反対は、さしあたり「無理解」あるいは「誤解」でしょうか。事実、精神疾患をめぐっては、極めて多くの無理解や誤解が横行しています。

「統合失調症には治療法がなく、かかったらおしまい」とか、「統合失調症は犯罪につながることの多い危険な病気」などといった思い込みは典型的なものです。いずれも明らかに事実に反しているのに、いったん誤解が定着してしまうと後から修正するのは容易ではありません。

この難しさには、それなりの理由があります。理解を改めるには、何ほどか自分自身を変えねばなりません。自分自身を変えるためには勇気やエネルギーが必要であり、私たちの中にある臆病や怠惰はいつもこれに抵抗しようとします。理解を阻む最大の障壁は私たちの内にあるこうした悪徳――罪の存在ではないかと私は思います。

知的理解と共感的理解

「理解」という言葉の意味にも注意が必要です。理解と言えば「統合失調症について書かれた本を読んで知識を増す」といった知的な理解をまず思い浮かべますが、周りの人々の感情や動機について理解することもこれに劣らず重要です。共感的理解などと呼ばれる作業です。

たとえば電車の中で赤ちゃんの泣き声が聞こえたとき、「うるさいなあ」と舌打ちしてそっぽを向いてしまったら、事態は何も変わらず泣き声が耳に障るばかりです。

一方、「赤ちゃんはなぜ泣いているのだろうか」と関心を持ち、理解に努める人は幸いです。眠くてむずかっているのだとわかれば、同情も湧くでしょう。肩身の狭そうなお母さんの様子に気づけば、寛容にもなれるでしょう。生き生きした関心と共感的な理解こそ、日常生活においても援助場面においても事態を切り開く鍵となるものです。

もちろん勉強して知識を増やすのは大事なことで、その価値を否定するつもりは毛頭ありません。しかしせっかく知識を増やしても、それが頭だけの知的理解にとどまるなら、人間関係の変化を生み出す力としては弱いのです。パウロがアテネで人々に復活について福音を告げ知らせたとき、「ある者は、『それについては、いずれまた聞かせてもらうことにしよう』」（使徒17・32）と言いました。彼らは「何か新しいことを話したり聞いたりすることだけで、時を過ごしていた」（同21節）からです。頭で理解するだけでは、このような人々と同じことです。

出会いの重要性

知的理解の限界について、以前に紹介した逸話を再度記しておきましょう。これまで欧米の多くの国々で、精神障害への差別や偏見を克服すべく、さまざまな試みが行われてきました。その主眼がまずは「知識の普及」に置かれたのは当然のことで、正しい知識・理解が広がれば自ずと人々の態度も変わるだろうと、誰しも期待したのです。

ところがそう簡単には行きませんでした。精神障害に関する正しい知識が普及しても、障害者に対する人々の態度や行動はさほど大きな変化を示さなかったのです。啓発活動によって理解の進んだはずの地域なのに、いざそこに障害者のための施設を造ろうとすると以前と変わらぬ強い反対が起きたりしました。

「精神障害者が危険な人々でないことはよくわかりました。それでもやっぱり私の地域に施設は造らないでください」。言葉に翻訳するならそんな意味を持つ行動が、実際に多くの地域で見られたのです。

では、どうしたらいいのか。苦心の末に注目が集まったのは、「出会い」ということでした。

実際に精神障害のある人々に出会うこと、会って話して共に過ごし生身の姿を知ることが、啓発活動よりもずっと効果的に住民の行動を変えることが、あちこちで報告されるようになりました。

とりわけ強調されたのは、若い人々への働きかけです。少年少女たちは初めから開けた態度を備えるわけではなく、時には知識や経験の不足から極端な偏見を持つ場合すらあります。しかし、実際に障害のある人々と出会うことによって、最も劇的に変化を遂げるのも若い人々だというのです。

若さの持つ柔軟な可能性を生かすため、精神障害の当事者を地域の高校などに招き、生徒たちと出会う場を設けることも国によっては行われています。日本の学校でそうした企画を実行に移すのは簡単ではないでしょうが、実現のあかつきには地域にとっても学校にとっても、さぞ豊かな実りをもたらすことでしょう。

Dさんの悩み

最後に、156ページ以下の援助者Dさんの逸話に少しだけ触れてみましょう。Dさんは精神疾患についての知識を持ち、積極的に援助に関わってこられた方でした。この蹉跌《さてつ》の結果として、

Dさんは「すっかり参っている」と言います。誠実な人柄がここからもうかがわれますが、そもそも私にはDさんがひどく間違ったことをしたようには思えません。わずかなボタンの掛け違いではなかったかと推測し、それだけにせっかくの善意や熱意そのものを価値下げしないでほしいと願うのです。

ただ、ひとつだけ気になったのは、この経験を今後に生かすために精神疾患に関する書籍を読みあさるのは、果たして建設的な方向性だろうかということでした。

Dさん自身が分析するように、相談の主はDさんからある種の正論をぶつけられたこと、そして話の時間を制限されたことに反発して自分を閉ざしたように思われます。そうだとしたら、これらは決して精神疾患に特有のことではありません。むしろ「相談」という行為一般に通じるテーマではないでしょうか。

さらにこのことは、ある牧師が編集者に語ったように「精神障害の有無にかかわらず、対処に困るような行動が教会で起きたとき、どう対応するか」という問題に通じることとも思われます。それならば精神疾患に関する知的理解を高めようとするよりも、共感的理解に焦点を置きつつ、相談という作業そのもののあり方を考えてみたらどうでしょうか。本書が、そのヒントを提供するものとなることを願っています。

当事者同士で与え合う愛とは——人と人とのつながりの中で

山根耕平（やまね　こうへい）
べてるの家職員
北海道・浦河教会員

ユニークなものの見え方

私の自己病名は「統合失調症五感がつながっている型」です。自己病名とは、浦河教会や浦河べてるの家で、「私はこんな人間です。よろしくお願いします」と精神障害のある人が自己紹介の挨拶がわりに使う、自分で付けた病名です。

私は物心ついたときからきれいな音楽を聴くときれいな景色が見えたり、いい匂いを嗅《か》ぐとすてきな音楽が聞こえてきたりしていました。また、書家だった明治生まれの祖父が若いころ、自動車などはなくて移動は乗馬という時代に、野山で馬にまたがりながら大空に手綱で文字を書いて書を楽しんでいたと聞いていました。

母も同じように空中に指で文字を書き、納得してから紙に書く姿を私は見ていました。そして、私自身も同じように幼稚園に入る前から空中に文字を書いたり、空中に書いた文字に色を付けて楽しんだりしていました。さらに、見たり聞いたりしたことを、写真や録音機のように記憶することも得意でした。

幼稚園に入ったとき、このようなことを友達に話すと「バカ、アホ、お化け！」と言われて仲間はずれにされました。その幼稚園を一年でやめて少し遠方にある教会付属の幼稚園に入るまでに「私の家の人たちの見え方聞こえ方を正直に話すと仲間はずれにされる」と幼心にも気づき、以来、私の見え方、聞こえ方はべてるの家に来るまで二五年間、誰にも話さないでいました。

べてるの家で仕事をする山根耕平さん（中央）と（そこから時計回りに）仲間の高橋吉仁さん、早坂潔さん、山本潔さん。皆、べてるの家のメンバーであり、浦河教会員でもある

理系の大学院を卒業しSE（システムエンジニア）として働いていた大手企業で、まさかの強烈なパワハラを受け、ボロボロになりました。そして、三〇歳のときにべてるの家（22ページ参照）にたどり着きました。べてるの家では、どうも私のように目の前にないものが見えたり聞こえたりする人がたくさんいるのではと気づきました。

恐る恐る私の見え方聞こえ方を、隣の部屋の住人の早坂潔さんに話すと、「なんだ、おまえもいろいろ見えたり聞こえたりする人だったか。ここべてるの家では本当のことを話すといいぞ。他の地域では、本当のことを話すと、薬をどかっと増やされたり、無理やり入院させられたりするが、浦河では逆に本当の見え方、聞こえ方を話すと、似たような経験をした仲間が助けてくれるぞ」と言うので、警戒心が根底から崩れたことを昨日のように思い出します。

「本当のこと」を話せる安心感

このように、今のべてるの家には安心して本当のことを語れる文化が根付いています。自己病名など、独特な語り合いの始まりは一九七八年に浦河赤十字病院の精神科を退院した人たちが浦河教会の旧会堂で共同生活を始めた、回復者クラブ「どんぐりの会」にさかのぼることができます。「会」は変遷を重ね、「べてる」として活動するようになりました。

「スタッフもメンバーも全員で経営する（全員経営）」という原則を掲げての昆布の販売が軌道に乗り、さまざまな活動が今に至っています。前述の早坂潔さんは、こう教えてくれました。

「山根、今、浦河に来たおまえたちは幸せだぞ。なぜなら苦しみや悩みを正直に自分の言葉で語る方法を俺らが編み出しておまえたちに伝えてあげているから、おまえたちは回復がとても早い。始まりのころのべてるの家は、統合失調症などに対する対応方法がまったくわからずに大変だったんだ」。

当事者主体で安心して本当のことを話せる文化は、北海道浦河の地に集まった問題だらけの人たちの語り合い、助け合い、ミーティングを重ねる試行錯誤の中で時間をかけて育ってきたのだと思います。

べてるの家で理解できた聖書箇所

私の信仰の始まりは小学校時代にさかのぼると思います。私は小学校入学時に神奈川県川崎市に転居し、家族全員で近所の教会に通い始めました。ここには懇談礼拝という信徒同士が語り合う礼拝があったり、礼拝後にもわいわい議論をしている人たちがいたりして、大学のような雰囲気の楽しい教会でした。

浦河教会

浦河教会の旧会堂だった現在の「べてるの家」

新会堂（右）での礼拝風景

浦河教会と「べてるの家」のつながりは、向谷地生良さんがソーシャルワーカーとして浦河赤十字病院に赴任し、教会の旧会堂の一室に住み始めたことに始まる。回復者クラブ「どんぐりの会」の参加者たちがその部屋に集い、退院した人たちが共に住み始めた。その後、新牧師の赴任と共に教会活動の中心は新会堂に移ったため、古い建物は多くの回復者を受け入れることが可能となり「べてる」としての歩みが始まる。日曜礼拝への出席者は 30 名ほど。礼拝を守っているのはほぼ全員がべてる関係者とべてるメンバーである。代々の牧師は自分から赴任してきた人ばかり。一昔前は精神障害者が中心の教会運営など夢物語だったかもしれない。しかし夢や幻が現実となってきている今、浦河教会が「特別ではない教会」となる世界を願っている。（山根談）

日曜日に子ども礼拝に出た後は、私は大人の礼拝に親にくっついて座ったり、礼拝堂の隣の部屋でその大人たちの礼拝の音声が流れてくるスピーカーに耳を傾けたりして、聖書の世界の話に夢を膨らませていました。今でも鮮明に覚えているのは、そのときの聖書の数々の話です。聖書だけにとどまらない膨大な資料の中から浮かび上がる、その当時としては最新の聖書学をワクワクしながら私は聞いていました。

しかしその議論の中で、当時の私には理解できない箇所がありました。コリントの信徒への手紙一の13章11～13節です。「幼子だったとき、わたしは幼子のように話し、幼子のように思い、幼子のように考えていた。成人した今、幼子のことを棄てた。わたしたちは、今は、鏡におぼろに映ったものを見ている。だがそのときには、顔と顔とを合わせて見ることになる。わたしは、今は一部しか知らなくとも、そのときには、はっきり知られているようにはっきり知ることになる。それゆえ、信仰と、希望と、愛、この三つは、いつまでも残る。その中で最も大いなるものは、愛である」。

私はじっくり考えましたが、そのときは私も幼子であり、私の目に映っていた映像もおぼろげにしか見えませんでした。「これは大人にならなくてはわからないことなんだなぁ」とそのときは自分の目に映る映像も聞こえてくる音声もそれ以上は深追いすることはありませんでした。

しかしグループホームべてるの家に、みんなと一緒に一〇年間苦楽を共にして暮らした結果、ようやくこの聖書箇所が理解できるようになった気がします。子どものころは、鏡におぼろに映った映像だったのが、今でははっきりと、鏡の向こうの映像と顔を合わせて見えるようになったのです。

というのも私は一七年前に会社で受けたパワハラの映像と音声が現実の世界と自分の間に立ちはだかる症状にずっと苦しんでいたのです。しかし、グループホームべてるの家に暮らすうちに、私を苦しめるパワハラの出来事の映像上にグループホームべてるの家のみんなの映像がはっきりと上書きされ、一人一人が顔を合わせて見えるようになったのです。

落ち込んだときも、つらいときも悲しいときも、同じグループホームべてるの家の早坂潔さんら仲間たちの映像や音声が、私を救ってくれるのです。ちなみに主治医にこの話をしたところ、会社のパワハラ映像は消えてグループホームべてるの家の仲間の映像や音声は見聞きできるぐらいの薬の種類と量に調整してくれました。

確かにパウロが言うように、信仰と希望と愛はいつまでも残ると思います。鏡の向こう側に立っている仲間たちがはっきりと見えるようになった今では、その中で一番大いなるものは愛であると私も思うのです。思えば、洗礼を受けることになった浦河教会では「信徒礼拝」という出席者が顔を合わせて机を囲み語り合う礼拝が行われていました。これは私が子どものころ体験していた「懇談礼拝」を思い出させ、温かい思いが私の心を開いてくれました。

べてるの家＝浦河教会

何事もなく都会に暮らし、競争社会の中で便利なものに囲まれた暮らしを続けていたら、一生気づけなかったかもしれない世界を、たどり着いた浦河の地でべてるの文化にどっぷり漬かることで教えてもらえました。豊かな自然と、人と人とのつながりの中で、心安らかに過ごせる日々に心から感謝しています。

べてるの家は浦河教会の旧会堂を使わせてもらっていますが、現在、浦河教会はその旧会堂の建て替え工事を計画しています。老朽化した建物は、もはや危険な状態になっているのです。しかし浦河教会は、ほぼ全員が精神障害の当事者を中心とするべてるの家の関係者であり、「日本一、一円玉献金が多い教会」です。私は教会役員を務めていることもあり、財政状況がとても厳しいことを如実に感じています。

「入りやすい、使いやすい、暖かい」会堂と住まいの実現を目指して募金を始めました。皆様の温かい応援をどうぞよろしくお願いいたします。

レスポンス

祈りとユーモアと笑い――べてるの家の真骨頂

石丸昌彦

北海道は浦河町に拠点を置くべてるの家の活動は、今ではすっかり有名になりました。精神保健福祉領域の関係者ばかりでなく、一般の人々の間にも「べてる」の名とイメージが浸透しつつあるようです。

そこであらためて問うてみたいのですが、べてるの家の活動の、何がそんなにすごいのでしょうか?

私自身も外野の一サポーターですから、どこまで理解しているか保証の限りではありませんが、見学に伺った際の印象も踏まえ、べてるの家の特徴と魅力を三つのキーワードで考えてみたいと思います。「主体性」「研究」「祈りとユーモア」の三つです。

べてるの家の「主体性」

ずいぶん前のことですが、ある学会にべてるの家の皆さんが招待されたことがありました。会場でマイクを手にした代表者が、開口一番、何と言ったと思いますか?

「皆さん、こんにちは。最近の健常者はだらしがないので、今日は私たち障害者がカツを入れにきました」

会場が爆笑に包まれたことは言うまでもありません。同時にそれが決して単なる冗談ではないことを、誰もが痛切に感じていました。べてるの家は、いつも行動的であり能動的です。世の中に働きかけて何かしてもらうのではなく、自分た

べてるの家のスタッフが描いたイラスト。診断病名が統合失調症の4名の自己病名は、(上部中央から時計回りに)「精神バラバラ状態」「統合失調症節約タイプ同じガムを5日間食べ続ける型」「統合失調症五感がつながっている型」「統合失調症どこでも寝る型」

ちで何かをつくり出して世の中を引っ張っていく主体性が身上なのです。

山根さんも書いているとおり、べてるの家は日高昆布の直送販売で起業し、発展の足がかりを自ら築きました。これなども、べてるの家のたくましい主体性と自立志向を示すものでしょう。客体ではなく主体、受益者よりも共益者をめざす姿勢、それは取材に訪れた私たちに逆に質問を投げかけ、取材のやり方を自ら提案するような積極性にも現れています。

主体性は手応えに、手応えは自信につながります。人生劇場の観客ではなく、舞台上で人生を演ずる者としての自信です。

べてるの家の「研究」活動

山根さんの「統合失調症五感がつながっている型」、これぞいわゆる自己病名、当事者研究のエッセンスです。当事者研究はべてるの家のシンボルとも言えるものですが、私自身にとっては、これこそ一番の驚きでした。こと統合失調症に関して、患者さん自らが治療法を編み出していくなどと、誰が想像し得たでしょうか。

幻覚や妄想など統合失調症の中核症状に対しては、長らく有効な治療法がありませんでした。それが薬で改善できると示されたのが一九五二年です。精神医療のあり方を根本から変えるほどの大事件でしたが、それ以降、とりわけ薬の威力を知る医師の間に一つの固定観念が生まれました。幻覚や妄想は薬でコントロールすべきもの、他に治療法はなく、残念ながら精神療法は無効である、と。

「他の地域では、本当のことを話すと、薬をどかっと増やされたり、無理やり入院させられたりする」。早坂潔さんの言葉は大筋において正しく、返す言葉がありません。もちろん医者の側でも、投薬以外に何もしなかったわけではありません。どの医者もそれぞれ自分なりの工夫をして患者さんを支えてきたのですが、どこかに「結局、薬でないと」という諦めがあったでしょう。

念のために言えば、べてるの家の当事者研究によって薬が無用になったわけではないのです。事実、べてるの家に集う人々も多くは薬を服用し、薬の力を上手に活用しています。ただ、薬は万能ではありません。中には薬の効かない人もありますし、さらに多いのは薬のおかげでいくらか（あるいは、かなり）良くはなったものの、効果が不十分で症状が完全には取れない人々です。

そうした場合にも「薬の調整しかない」という私たち医者の固定観念を、論より証拠で覆してみせたのがべてるの家の大ヒットでした。

Punch'n'Glove

祈り

作詞　ラインホールド・ニーバー
作曲　下野　勉

神様、わたしに与えてください
変えられないことを受け入れる落ち着きを
変えられることを変えていく勇気を
そしてこの２つのことを見分ける賢さを
神様、わたしに与えてください

べてるの家のメンバーの下野勉さん（故人）率いるバンドグループ「パンチングローブ」が歌っていた「祈り」は、今でもべてるまつりなどでべてるのみんなに歌い続けられている

べてるの家の「祈りとユーモア」

「祈り」と「ユーモア」は別々のことのようですが、「二つで一つ」と言いたい気持ちが私にはあります。

べてるの家は浦河教会を舞台に誕生しましたが、キリスト教団体ではありません。それにもかかわらず一つの祈りが繰り返し祈られていることに、訪問してみて感銘を受けました。「静謐《せいひつ》の祈り」あるいは「ニーバーの祈り」と呼ばれる有名な祈りがそれです。べてるの家の人々がこれにメロディーを付け、歌にのせて口ずさむ場面を何度も目にしました。この祈りは自助グループＡＡ（130ページ参照）でもよく祈られるもので、ミーティングの手法などとともにＡＡから継承したものかもしれません。

ただ、祈りという言葉が連想させるのと違って、べてるの家の祈りはにぎやかであり笑いに満ちています。そして笑いは付け足しではなく、べてるの家の活動にとって本質的に重要なものです。幻聴を「幻聴さん」と呼んで擬人化し、おどけたキャラクターに描いてプリントシャツまで作ってしまう一連の手法は、このような「べてるの流儀」の真骨頂です。「笑いの種にできるのなら幻聴体験も大してつらくはないのだろう」などと思うなら、大きな誤解です。むしろ、したたかな笑いとユーモアが、しばしば最もつらい体験から生まれることを思い出したいのです。

毎年べてるまつりの際に作っている、歴代の幻聴さんTシャツ

喜劇王チャップリンはロンドンのスラムで極貧のうちに育ちました。『天才バカボン』で有名な漫画家、赤塚不二夫は一一歳で満州から命からがら引き揚げてきて、混乱のさなかに妹二人を病気と飢餓で亡くしました。この人々にとっては不条理だらけの現実を笑いのめすことこそが、人間らしく生き延びる唯一の道でした。

同じ力が、べてるの家のユーモアの中に息づいています。それは今の時代に、私たち自身が身に付けたい力でもあります。

「統合失調症五感がつながっている型」の山根さんは、幼いときから「きれいな音楽を聴くときれいな景色が見え、いい匂いを嗅ぐとすてきな音楽が聞こえた」と述懐します。感覚のつながりの自在な豊かさには、芸術的創造の可能性すら感じられますが、多くの人々の生身のありようとはかけ離れたものです。五感の区別が曖昧になって相互移入を起こした不思議なありようは、後年発症した統合失調症の症状と関係があるのかもしれません。

ドイツの小説家フォン・シーラッハに『緑』という短篇があります。主人公の少年は奇怪な行動で周囲をおびえさせるのですが、それが実は統合失調症の妄想的解釈からくるもので、彼自身は周囲の懸念とは正反対に、その地域を架空の危険から守ろうとしていたことが判明します。

すべての生き物が「数」に見える少年が、彼自身はどんな数字かと聞かれて答えた返事が、表題の『緑』でした。少年にとっては生き物・数字・色彩などがすべて互換的であり、実際に世界がそのように見えていたのです。末尾で少年がスイスの精神病院へ送られていく場面を読んで、彼をべてるの家に紹介してあげられたら、と切実に思いました。早坂さんの言葉どおり、きっと「似たような経験をした仲間が助けてくれ」たでしょうに。

べてるの家に出会えたのは、山根さんの幸いでした。ただ、そこにしっかりとどまり続けたのは、彼自身の選択と決断の結果です。

ＡＡもべてるの家も、恥も外聞も捨ててつながり続ける者にとってこそ福音なのです。私たち自身と主イエスとの関係と、それは大変よく似ています。

信徒牧会者養成――ステファンミニストリーの挑戦

関野和寛（せきの　かずひろ）
日本福音ルーテル東京教会牧師
宣教牧会学博士

多くの問題が持ち込まれる教会で

私が仕えている日本福音ルーテル東京教会は多国籍多文化の街、大久保（新宿区）にあり、教会の裏の歌舞伎町にはドラッグ、アルコール、セックス、ギャンブルなどに依存する人、精神疾患のある人や、訳ありの外国籍の人、ホームレスの人、独居の高齢者、行き場をなくした若者、ＤＶで苦しむ人……ありとあらゆる苦しみを抱える人々がいます。そして行き場をなくし、行き詰まった人々が教会にやってきます。

はっきり言いますが、そのような人たちが教会に来ても、多くの人は無視します。一部の人は優しさを持って接し、その人を助けようとします。しかし責任を持てず、日曜日だけ示す中途半端な優しさは問題解決はおろか、本人を甘やかしたり、かえってその人の問題を悪化させてしまうこともあります。そして、そのしわ寄せのほとんどが牧師とその家族に来ます。

私は牧師になった当初、彼らを助けたい、彼女たちを救えると勘違いしていました。けれどもそのような幻想はやがて崩れ去りました。牧師自身、何も術《すべ》がないのです。そのような中で、毎週の日曜礼拝では実践の伴わない説教が語られ、目の前の弱者は無視され、世界平和や遠いどこかの国のために祈る礼拝が続いていきます。

私の魂は限界に達していました。でも、まだ諦めたくはない。何かを求めていたときに、香港にあるアジア最大のルター派神学校がドクタ

ステファンミニストリーのトレーニングで講義する関野和寛さん

ー・オブ・ミニストリー（宣教牧会学博士課程）を開講していることを知りました。ドクター・オブ・ミニストリーとは約一〇の集中神学講義を受けた後、後半は自分の教会で新しい宣教・牧会プログラムを導入し、それに対し社会学的調査を行い論文にまとめるという、座学と実践が調和するプログラムでした。

政府に教会を破壊された中国人牧師たち、自分の出身の村が紛争により焼かれてしまったミャンマー人牧師たち……。苦難にあっても宣教に邁進《まいしん》する彼らに刺激を受けながら必死に勉強し、年平均四、五回のペースで香港に通いました。

そして、行き詰まった日本の教会の牧会、自身の召命を取り戻す道を模索する中で、その香港の神学校の指導教授が私にアドバイスをくれました。「君が求めているものの答えは、ステファンミニストリーにあるかもしれないよ」。

実践的な信徒養成プログラム

ステファンミニストリーとは、一九七四年にアメリカの臨床心理士でルター派牧師のケネス・ハーグ氏が考案した信徒牧会者によるクリスチャンケアです。四〇年をかけて全米中に広がり、これまでにカトリックからペンテコステ派教会まで約一万二千の教会、七万人の牧師、

ステファンミニストリー

信徒牧会者養成

トレーニング内容

1 ケアを与える者として
2 自分と他者の想い
3 傾聴
4 キリスト者のケアの特徴①
5 キリスト者のケアの特徴②
6 結果かプロセスか
7 アサーティブネス① ※1
8 アサーティブネス②
9 ケアにおける境界線
緊急事態とその実践
10 守秘義務
11 電話でのケア
12 精神科や他の専門家との連携
13 大切な人を亡くした悲しみ
14 うつの人々への対応
ステファンミニスターの役割
15 自殺の危機にある人への援助
16 ケア関係の終わらせ方
17 スーパービジョン ※2
クリスチャンケアの要① ※3
18 スーパービジョン
クリスチャンケアの要②
19 最初の訪問について
20 私についてきなさい

※1 **アサーティブネス**
自分のことのように、他者のことを前向きに尊重する関係を持つこと

※2 **スーパービジョン**
ケアをする人同士が担当のケースを報告し合い、よりよいケアの関係を探っていく集まりのこと

※3 **クリスチャンケア**
キリストの愛に支えられた、クリスチャンとしてのケア

さらには六〇万人の信徒がステファンミニスター（信徒牧会者）となり、諸外国にも広がりを見せています。

この信徒牧会者養成プログラムでは心理学、聖書学をベースに信徒に五〇時間のトレーニング（講習会）を行います。内容は基本的なカウンセリング技術に加え、援助を求める人々との間に起こりうる共依存をいかに防ぐか、専門家とどう連携するか、相手が自死の危機にあるときはどのように対処するか、援助をいつどのように終えるかなど、極めて実践的な学びです。

ステファンミニストリーはカウンセリングや医療行為ではありません。しかし、特に優れていると感じたのは自分たちの限界を見極め、関われないときはNOと言うこと、そしてそれを牧師や信徒牧会者が一人で背負わないために月に二度のスーパービジョン（187ページ参照）を行う点にあります。信徒牧会者になった者は、助けを必要としている人（原則、同性の相談者）に対し、週に一度、連絡をしたり会ったりするなどして寄り添います。

東京教会はステファンミニストリーを導入する過程で、たくさんの恵みを受けました。二〇一六年、香港の神学校に通いつつ、今度は本場アメリカで一週間のステファンミニスターの指導資格を取りに行こうとあがいている私の姿を見て、一〇人の教会員が自分たちも共に学ぼうと手を挙げてくれました。自費でアメリカに渡り、私と共にステファンミニストリーのトレーニングを受けてくれたのです。

そして、同年に東京教会で開始されたステファンミニストリーのトレーニングにも多くの教会員が参加してくれました。さらに大きな後押しになったのは、日本ルーテル神学校の付属研究所であるデールパストラルセンターと東京教会で、ステファンミニストリーの創始者ケネス・ハーグ氏を東京に招いたことです。

このプログラムに関心のある人たちが教派を超えて会場の東京教会にたくさん集まり、共に彼の講義を聴くことができたことは大きな励みでした。そのときの礼拝では、五〇時間のトレーニングの一部をアメリカで受けた一〇名と日本のみで学んだ三名の計一三名の東京教会員が、直接ケネス氏から信徒牧会者就任の祝福を受けました。

専門的な知識やスキルを体得することは対人援助をする上では必要不可欠です。しかし、それを超えて牧師と信徒とが癒やしの共同体、キリストの体を築きあげていくプロセスが教会を生き返らせているのだと感じました。当然、教会内外で批判もありました。「教会は説教を聞いて信仰を養う場所であればいい」と考えている人たちの声です。ですが、「キリストと隣人に仕えるのだ」と前に進む信徒牧会者たちを見て、批判の声など気にならなくなりました。

教会だけで解決しようとしない

やがて、信徒牧会者たちによる牧会が始まりました。一年半の準備を経て、トレーニングを受けた者だけではなく、東京教会全体が互いに重荷を背負いあう共同体へと変化していったのだと思います。自然と重荷を背負う多くの人が教会にさらに集うようになっていきました。

一例として、犯罪歴を持ち依存症のある若い女性が教会にやってきたケースを挙げます。彼女は洗礼を受けることを希望していました。よくあるパターンとして、問題を抱える女性が男性牧師に対して依存を強め、本人の状態がかえって悪化して牧師は疲弊し、教会もトラブルに巻き込まれるということがあります。

けれども新しい東京教会はそうはなりませんでした。その若い女性に女性の信徒牧会者が寄り添いました。そして時に牧師である私も面談に立ち会い、彼女の過去に耳を傾け、彼女の信仰生活について、そしてこれから起こりうるトラブルをどう乗り越えていけばいいのか本人と話し合いました。そして、彼女がかかっている病院や行政職員とも連携し、彼女の身に再び何かが起きても、信徒・牧師・教会―行政―医療機関が連携できるネットワークを作りました。

時が来て、彼女は洗礼を受けました。生活の面は行政が、医療の面は主治医が、そして彼女の信仰と魂は教会がという連携により、癒やしの共同体が生まれました。その中で、「一人」

にきちんと向き合うことができるようになったのです。

相手の話を真摯《しんし》に聞くこと（傾聴）、受け止めること、関わりの限界を伝えること、専門家や諸機関と連携すること。すべてのステファンミニストリーのメソッドがそこにはありました。

聖書の基本に立ち返った働き

教会として当たり前のことをしているように感じます。けれども当たり前のことほど、日頃からトレーニングしなくてはなりません。しかもそれが牧師の主観ではなく、堅固なメソッドと神学を基にスーパービジョンが行われなければ、カルト化やハラスメント問題を招いてしまう可能性があります。絶えず緊張感を持ち、キリストを中心とした牧会を信徒と牧師が共に実践していくときに、教会は傷を持った人々を迎えることができるキリストの体になるのです。

ステファンミニストリーを各教会で導入するためにはアメリカのステファンミニストリー本部に入会費を払い会員登録します。指導資格を取るには同国で開催されるリーダートレーニングに参加する必要があり、本格導入にはハードルが高い現状です。

東京教会で行っているステファンミニストリーのトレーニング受講者は、他教派の信徒が大半を占めています。また他教派、他教会から講演の依頼も数多く来ています。

ステファンミニストリーは新しい牧会の形のように感じられるかもしれませんが、実は聖書が語る教会本来の姿に倣《なら》うメソッドです。今こそ聖書に基づき、信徒一人ひとりが牧会者になる教会形成が求められているのだと思います。

レスポンス

信徒と牧会——牧会は教会のわざ

石丸昌彦

ステイーヴン・ミニストリー

本書では、当事者研究やピアサポートといった現代の新しい流れを紹介するとともに、それが障害のある人ばかりか障害のない人にとっても参考となり、また教会形成のヒントともなることを論じてきました。ただ、自身や家族の問題として精神障害を経験したことがない方々には、「自分事」と考えにくい面があったかと思います。

その点、ステファンミニストリーはより多くの人々にとって、自分事となり得る活動です。対象となる人に精神障害があってももちろん構わないのですが、そうした人々限定ではありません。悩みを持っていて、それを聞いてもらいたい人なら誰でも歓迎、「ドガン！」（関野牧師が伝道新聞『こころの友』に連載しているエッセーでは、この音と共に悩みを抱えた人が牧師室に入ってくる）と扉を押し開けるすべての人が待たれています。

待っているのはプロではなく、訓練を受けた信徒牧会者、つまりアマチュアです。アマチュアとは「愛好者」のこと、生業としてでなく本人の望みとしてその任にあたるアマチュアは、しばしばプロにはできない働きをやってのけるということを、世の中のさまざまな場面で私たちは見聞きしています。ステファンミニストリーにはまさにそのようなアマチュアの潜在力があるでしょう。

一九九〇年代の三年間、私はアメリカに滞在したことがあります。ミズーリ州セントルイス市の大学に留学し、ラデューチャペルという最寄りの教会に属してアメリカの教会生活を堪能しました。ステファンミニストリーについて私が初めて聞いたのは、このラデューチャペルでした。

ステファノという名前は英語では「スティーヴン」と発音しますので、ステファンミニストリーと聞くと、私の耳は今でも「スティーヴン・ミニストリー」に自動変換します。そのぐらい、当時のラデューチャペルでこの言葉をよく聞きました。奉仕者の募集やプログラムの案内、トレーニング修了者への祝福のセレモニー、そして相談希望者は誰にどのように申し込めばよいかなど、ひっきりなしにスティーヴン・ミニストリーに関するアナウンスがありました。聖歌隊の仲間だった長身のジョンが、トレーニングを終えて奉仕に加わることを誇らしげに話した様子を思い出します。

ラデューチャペルは長老主義教会です。関野さんの記事にあるとおり、この活動はルーテル教会で始まったものでしたが、当時すでに長老主義教会でもこのように定着しつつあったのです。良いものは積極的に取り入れるアメリカ人の美点を見ると同時に、スティーヴン・ミニストリーが相互牧会のすぐれた方法として定評を獲得していることがうかがわれました。

そんな様子を見るにつけ、こんな活動が日本の教会でもできたらとうらやましく思わずにはいられませんでした。行動力抜群のロッケン牧師らがこうしてそれを実現しつつあるのを知り、心からうれしく思います。

お気づきでしょうが、ステファンミニストリーは本書が繰り返し取り上げてきた注目すべき流れと、ぴったり呼応しています。当事者のピアサポートが、しばしば専門家の援助に勝る癒やしの力を発揮すること、そしてその根底にある「傷ついた癒やし人"a wounded healer"」の思想です。

先にも述べたように（46ページ以下）、「傷ついた癒やし人」というイメージの至高の原型は、十字架上の主イエス・キリストをおいて他にはありません。「聖書が語る教会本来の姿に倣うメソッド」と関野牧師が結んだのは、このことを知っているからです。障害の当事者が苦悩の中から編み出した方法を主が祝し、教会に集うすべての人々に分け与えてくださる、喜ばしい流れのうちに私たちは置かれています。

ディーコンと信徒牧会

ステファンミニストリーがヒントになって、アメリカでの体験をもう一つ思い出しました。ディーコンについてです。アメリカの多くの教会で、ディーコン（deacon）はエルダー（elder）と並ぶ重要な職制とされていました。エルダーは「長老」、ディーコンは「執事」と訳されるのが通例ですが、果たしてこの訳語が適切かどうか。

「執事」と聞くと、貴族の屋敷などで主人に仕えてあれこれ仕切る、すまし顔で石頭の管理人が連想されるのではないでしょうか。しかしディーコンはもともと「奉仕者」を意味するギリシア語に由来し、使徒言行録6章に聖書上の根拠をもっています。日々の分配についてもめ事が起きた時、食事など実生活の面で群れを支えるために選ばれた「〝霊〟と知恵に満ちた評判の良い」七人（6章3節）がそれです。ステファノはその筆頭でした。ステファンミニストリーの名はおそらくここから取られたもので、ステファンミニストリーが目ざす信徒牧会を、職制として担うのがディーコンなのです。

ごく短期間でしたが、私はラデューチャペルのディーコンの一員に任ぜられ、その働きに関わることができました。準備教育の中で、エルダーとディーコンは上下関係にあるのではなく、エルダーは祈りと御言葉の奉仕を、ディーコンは群れの生活支援を分担するものと教わりました。生活支援の範囲は時と所によって変わるでしょうが、衣食住や健康問題、災害時の相互援助などを広く包含しています。そしてアメリカの長老主義教会は規則書の中で、各教会はディーコンを必ず置かねばならないと定め、人員不足の場合もエルダーが兼任するなどして欠員を避けるよう求めています。まさに必須の職制というわけです。

ここで関野さんの問いかけを思い出してみたいのです。教会は「説教を聞いて信仰を養う場所」であればいいのか、それとも「キリストと隣人に具体的に仕える群れ」であるのか。ステファンミニストリーは明確に後者を指向していますが、それこそが教会本来の姿であることは、ディーコンの職制とその由来によく現れているでしょう。ご存じの通り、初代教会において主の食卓を共にすることは、小さなパンのかけらを象徴としていただくことに留まらず、皆が実質的に空腹を満たすことをも意味していました。霊の糧とともに肉の糧を行き渡らせるのが、ディーコンに託された教会の使命だったのです。

現代の日本では、世俗の社会福祉制度がある程度ゆきわたっているために、「群れの生活を具体的に支え合う」という教会の働きが見えにくくなっているかもしれません。アメリカの教会はこの点にはるかに敏感でした。大久保や歌舞伎町の現実の中で牧会にあたる関野さんは、否が応でも敏感にならざるを得なかったでしょう。

しかし、私たちの社会において格差と貧困が深刻化し、伝統的なコミュニティーが消滅しつつある今、人々の生活の根拠が物心両面で脅かされる事態は、大久保や歌舞伎町ばかりでなく全国津々浦々に存在しています。信徒牧会の真価が問われるのはこれからであり、精神障害を抱えた人々とどのように関わるかはその試金石ではないでしょうか。

牧会は教会のわざであり信徒全体の使命であって、牧師だけに任せておいてよいものではありません。ステファンミニストリーの運動とディーコンという職制は、そのことを私たちに投げかけているように思います。

心病む人たちと共に歩む中で見えてきたこと

井上隆晶（いのうえ　たかあき）
大阪・都島教会牧師

なぜ心病む人たちを教会に受け入れる取り組みを始めたのか

わたしはあるカルト宗教からの救出活動をしています。そこから脱会された方が洗礼を受けて教会員になられたのですが、統合失調症を発症し、陽性症状によって教会内で暴れたりすることがありました。また依存症も併せ持っていたためいろいろな問題行動を起こされ、入退院を繰り返していました。その方の母親も精神疾患を抱えており、同じ家の中に二人が共にいることは良くないと思い、教会に一時的に住まわせることになりました。その方を受け入れるために、精神障害について学ばざるを得なくなったのです。当時、大阪教区の伝道委員会の中に

「心病む友と共に（現在の名称は「心なごむ会」）」という委員会があり、精神疾患を抱える方たちを教会に受け入れていくための取り組みをしていました。私もそこに委員として加わり、共に学ばせていただくことにより、精神疾患を抱える方たちと関わりを持つようになったのです。

さまざまな精神障害を抱える方たちとの出会い

それからは、広汎性発達障害、ＡＤＨＤ（注意欠陥多動性障害）などの発達障害や性同一性障害、そしてうつ病、双極性障害、強迫性障害、パーソナリティ障害などさまざまな精神疾患を抱える方たちを教会に受け入れてきました。あるうつ病を抱える方は、礼拝中によく気絶されました。礼拝堂が狭いのでそのまま横にして寝かせ、礼拝を続けるという状態でした。あるＡＤＨＤの方は、引っ越しをされる時に私がその方の保証人になったのですが、その特性のゆえにすぐに転居し、違約金と家賃を私が代わりに支払うことになりました。パーソナリティ障害に対する知識がなかった時には、当事者の方と適度な関係を持つことができずに、私自身がうつ症状になり、礼拝中に涙が止まらず、信者さんの顔をまともに見ることもできなくなりました。役員の方のすすめで教会の牧師館を出て、近くのマンションに引っ越しをすることで健康を取り戻すことができました。役員や教会員の方たちの理解と協力がなければとてもこの活動は続けられないと思います。ある役員の方は「次から次へといろんな人が来るのでもう慣れました」と言って下さいました。

精神障害を抱える方たちは、感情の不安定、行動の不安定、人間関係の不安定という特徴をもっているので、一つの教会に定着することができない方もいます。最初に都島教会に来ても、障害者同士でぶつかることもありますし、人間関係がうまくいかなくなり他の教会に移ることもあります。そんな時「心なごむ会」のスタッフである他の牧師に相談したり、対応を依頼することもできます。そんな共同牧会のようなことができるのも教区の委員会に属しているからだと思います。

教会での取り組み

毎月第三火曜日の午前一〇時から一二時まで「心なごむ会」が主催する「心の病の勉強会」を都島教会を会場として行っています。この会では精神科のクリニックに勤務されている精神保健福祉士の先生に来ていただいてテキストを用いた心理教育をしています。毎回二〇名ほどの当事者、家族、援助者などが参加されており、今までに統合失調症、双極性障害、境界性パーソナリティ障害、発達障害、依存症を学びました。病気を理解することを通して当事者は病気との付き合い方が分かりますし、家族や援助者は対処方法を知ることができ、恐れや不安から解放されます。このように医療従事者と連携することにより、安心して関わることができるのです。それらの学びにより、当事者と援助者との距離の取り方も学ぶようになりました。回復のためには、当事者の病識と「良くなりたい」という意志、周りの温かい理解と援助が必要です。そのどちらかが欠けても回復に向かうことは難しいと思います。

また、都島教会独自の活動としては、毎月第四日曜日の午後二時から四時までテキストを用いて「大人の発達障がい者のためのミーティング」を行っています。それは教会員の中に発達障害を患う方が多かったためであり、私たちが彼らとどのように関わったらいいのか分からなかったからです。今では他教会からの方や、教会員以外の方も参加されるようになっています。九月から「認知行動療法」を取り入れた学びを始めました。これによって少しでも生きづらさが和らぐことを願います。

心病む人たちによってわたしは成長させてもらった

さまざまな精神障害者の方たちと関わる中で、彼らの持っている「回復力」、「人間力」、「たくましさ」に感心することがあります。ある方は、聖堂の壁からキリストの磔刑像を降ろし、それに接吻しました。ある方は誰よりも貪欲に聖餐を熱望し、説教では寝ていても聖餐になったら目を覚まして喜んでいました。ある方は、昼と夜が逆の生活をし、睡眠薬を手放せず、薬の量も多かったのですが、週に四日～五日「教会の祈祷」に来るようになってから生活が元に戻り、睡眠薬も飲まなくなり、薬も減りました。今は認知行動療法をしながらどんどん回復されています。自分を正直に見つめ、一生懸命努力している姿に励まされます。その方たちを見ていると、聖書の中に出てくる人たちがそのまま現れたようで、こちらが逆に勇気が与えられるのです。

都島教会の集会で話す井上隆晶さん。
背後には東方教会の聖画（イコン）が見える。

精神障害の当事者と関わることでこちらも傷つくこともありますし、実際に私自身が病んでしまったこともありました。しかし私は彼らによって牧師にさせてもらった、または自分の人間力を育ててもらったような気がしています。人は人との関わりの中で人になっていき、成長し、癒やされるのだと感じています。心の病の問題は年々社会でも深刻になっており、教会内にもさまざまな問題が発生し、教師も対応に追われています。これからもこの活動が用いられ、多くの病める人が教会に受け入れられることを祈ります。

レスポンス

愚直に行い、力を合わせる

石丸昌彦

善いサマリア人

このシリーズを通して、私たちは大勢の当事者や御家族の皆さんと出会うことができました。そうでなければ知る機会のなかった仲間の体験をつぶさに聞き、全国各地に多くの同志を見いだしました。一面の緑と思っていた草原の中に、色とりどりの花々を見いだし、世の中の風景がこれまでと確かに違ってきたのではないでしょうか。

今回の井上隆晶先生の御寄稿も、多くの皆さんにとってまた一つ美しい花を見つけるきっかけになったことでしょう。私自身は、この花の存在――正確には一群の花々の存在を、以前から知っていました。ですから都島教会と「心なごむ会」がとりあげられると決まった時、これまでとは別の喜びを感じたものです。

「その人、知ってる、すごいんだよ!」と知人を自慢する、無邪気な子どものような誇らしさがありました。

けれども届いた原稿を読み返すにつれ、自分の浅はかさが次第に自覚されて、しまいには恥ずかしくなってきました。知っているつもりで、本当に知ってはいなかったのです。

カルト宗教からの救出活動に始まり、どうにか脱会したもののその後に精神疾患を発症した人の援助を経て、多くの精神障害者を全面的に教会に受け容れるまで、長年にわたる多くの経験が飾り気のない言葉で淡々と記されています。人柄そのままの親しみやすい筆致に、つい何となく読み過ごしてしまいそうですが、どの一つをとっても簡単なことではありません。

「同じ家の中に(いずれも精神疾患を患う)二人が共にいることは良くないと思い、教会に一時的に住まわせることになりました」

さらりと書かれている冒頭の逸話からしてそうです。

この方は「症状によって教会内で暴れたりすることがあり」、「依存症も併せ持っていたためいろいろな問題行動を起こし」、「入退院を繰り返していた」というのです。「助けてあげたいのはやまやまでも、この状態では素人の手に余る」と誰しも思うでしょう。「中途半端に手を出して、かえって状況を悪くしてしまったら、本人のためにならない」と考えたとしても無理のないことです。

そのように自重することが正しい選択である場合も実際にあるでしょう。しかしそれよりも、そうした言い訳で自分を納得させ、距離をとって傍観することに流れがちなのが私たちの現実ではないでしょうか。

井上先生は、そうはしませんでした。目の前に困っている人がいる、だから自分にできる手助けをする。ごく素直な反応を誠実に実行に移し、ひたすら続けてこられたのです。その間、礼拝に波風が立つこともあれば、教会員が混乱することも起き、引っ越しの保証人になっては裏切られ、人に言えないつらさをどれほどか神様に訴えてこられたことでしょう。それでも投げ出さなかった愚直が貴いのです。

クリスチャンとして対人援助にあたる時、すぐに思い浮かぶのは善いサマリア人の譬え（ルカ10・25〜37）です。このサマリア人は傷ついた旅人を見て憐れに思い、宿屋へ連れていって介抱したうえ、宿代を立て替えてやりました。心温まる行為ですが、とりたてて専門性を要する難しいことは何も含まれていません。いくらかの持ち合わせと時間があれば誰でもできることばかりです。できるかできないかではなく、するかしないかが問題なのです。

祭司やレビ人は、しようと思えばたやすくできるのにしようとしませんでした。サマリヤ人は良心の命ずるままにそれを実行しました。ただそれだけの違いが決定的に人の道を分けることを、イエスは指摘なさったのです。

素直で単純な親切ということが、今日どれほど難しく珍しいものになっていることでしょう。目の前に立った高齢者や障害者に座席を譲るという超初歩的な親切すら、あたりまえの風景ではなくなりました。スマホやイヤホンなど先端技術を詰め込んだ小道具が、目の前の困難から目を逸らす格好の言い訳を私たちに与えます。そうした他人の利己性や無関心を非難するのは簡単ですが、実は自分自身が見えないスマホやイヤホンを心に常備し、祭司やレビ人同様にふるまってていはしないか。

井上先生の穏やかな笑顔を思い出しながら、つくづく考えさせられました。

力を合わせること

このように素直で力強い援助の姿勢が、井上先生の個性と信仰、そして牧会者魂に裏打ちされていることは疑いありません。そして、もう一つの大事なことがやはりさりげなく記されています。それは「協力」ということ、これまたその効用を私たちが熟知していながら、現実にはなかなか実行できずにいる成功の秘訣です。

具体的な協力関係として言及されているのは大きく二つ、その一つは都島教会内部の「役員や教会員の方たちの理解と協力」であり、もう一つは大阪教区「心なごむ会」を通して与えられる「依頼や相談」のネットワークです。

前者について、知りたいこと書きたいことは多々ありますが、紙数が足りません。牧師とともに、精神障害のある人々に教会を開いてきた都島教会の人々、うつに陥った牧師に牧師館から他所へ移るよう進言した役員さん、この方々の砕かれた信仰に心からの敬意を表します。別の機会にぜひ詳しくお話を伺いたいものです。

後者、すなわち大阪教区「心なごむ会」には、私も講師としてお招きいただいたことがあり、その熱心と相互信頼の厚さが印象に残っています。

もとよりこの種の活動にあたって、志を共にする仲間の存在が重要であることは言うまでもありません。一人では気づかないことを気づかせ、別の視点からの意見を教えてくれることはありがたく、互いに励まし合い慰め合えるのも貴いことです。援助関係には相性がつきものですから、ある教会でうまくいかない人を他の教会が引き受けるということも、時にはあるかもしれません。いずれも、医療や福祉を含めあらゆる社会活動に通じる要諦です。

そして、こうした協力関係は教会そのもののあり方についても重要なヒントを与えてくれます。私たちプロテスタント、とりわけ日本基督教団に属する信徒は、ともすれば各個教会の中に閉じこもる傾向がありはしないでしょうか。「教会」というとき、「私の属するこの教会」をまずイメージするのは自然なことですが、それが教会のすべてだと考えるなら大きな誤りでしょう。

私たちの信仰告白が明瞭に告げる通り、教会とは「主キリストの体」であり「恵みによって召された（すべての）者の集まり」です。それは各個教会をはるかに超え、国境や宗派の隔てをものともせず、世界どころか宇宙の果てまで拡がる巨大なコミュニティーなのです。

精神障害者を教会で支えるということは、この大きなコミュニティーの中に彼らを迎え入れ、その広い交わりの中で支え合うことに他なりません。各個教会を超えた協力関係の中で障害者を支える大阪教区の実践は、教会本来の統合性の回復につながる素晴らしい営みではないでしょうか。いみじくも「共同牧会」という言葉を井上先生が使っておられる通りです。

一人ではできないことも力を合わせればできるということを、私たちはこのシリーズの中で繰り返し見てきました。一つの教会ではできないことも力を合わせればできるということを、今また教わったように思います。

おわりに

「シリーズ精神障害」の二年間にわたる連載を、このようなかたちで一冊の本にまとめることができました。

身をもって精神障害を経験し、困難を抱えながら生きてきた人々の証しと、これに対するレスポンスの繰り返しで綴った連載です。勇気を奮って貴重な体験を語ってくださった当事者の皆さんに、あらためて心からの敬意を表します。

登場してくださった方々を一人一人数え、私たちのコミュニティーに存在する苦難の重さと、それをしのぐ希望の大きさをあらためて思います。「苦難は忍耐を、忍耐は練達を、練達は希望を生む」（ローマ5・3〜4）。このことを繰り返し学んだ二年間でした。

本シリーズへの寄稿にあたっては、当然ながら不安もあったはずです。体験を公にすることによって、共感と連帯の輪が広がる可能性がある一方で、思わぬ誤解や無関心に出会って、逆に傷を負うおそれもないとは言えません。編集者の技量と誠実、読者のモラルと共感性を信頼しなければできないことでしょう。連載が無事に終わり、その間に多くの建設的な反応が寄せられた事実は、寄稿者のこうした信頼に編集部と読者がよく応えたことを意味します。それぞれ本当にお見事であったと思います。

この間、私は寄せられた証しに返信のエールを送るという大役を仰せつかりました。苦心もしましたが、楽しい作業でもありました。私の本職である精神科の診療は、患者さんとのやりとりの中で見立てを行い、治療という形でエールを送ることの繰り返しです。「やりとり」と「エール」という共通項に注目すれば日頃の診療とよく似た作業ですから、慣れた仕事で楽をさせてもらったと言えるかもしれません。

特別伝道礼拝にあずかり、その中で「死生観について〜心の健康と魂の健康」と題して奨励を行う筆者

執筆にあたって、「現にできていることを発見して、それを伸ばす」という行動療法の要諦を繰り返し思い出していました。これは、さまざまな援助場面や教育の場で役立つきわめて有用な心得ですが、実際にはすべての寄稿者が、長年にわたって実行ずみであることに気づいて感銘を受けたものでした。

このことをはじめとして、寄稿者の皆さんは置かれた状況がさまざまに違っているにもかかわらず、どこか似たところがあったり、似た工夫をしていたりするのです。それぞれ違っていながら共通の雰囲気があり、同じ香りを漂わせていること、それは皆さんを支える力の源が、ただ一人の主であることの証しもありました。

皆さんに共通するキーワードをもう一つ挙げるとすれば、それは「感謝」ではないかと思います。苦難にもかかわらず感謝できること、あるいは苦難までも含めて感謝できること、その秘訣を言葉や理屈で説明することは困難です。ただ、それが現に可能であること、そしてそれこそが苦難に打ち克つ王道であることを、皆さんがそれぞれの形で示してくださいました。

この連載期間中、私の身辺では、家内の父と私の母が立て続けに召されるということが起きました。岳父はカトリック、母は教団に属するプロテスタントの信徒で、晩年の足どりも対照的でしたが、共に心から愛する主イエスへの信頼のうちに静かに召されていきました。

家族一同の喪の作業はなお進行中ですけれども、教会の信仰を通して与えられる復活と再会の希望が、これほどありがたく身に沁みたことはありません。この希望がなかったら、身をもがれるような喪失にどうして耐えることができるでしょうか。一方また、死でさえも私たちを滅ぼすことができないのだとしたら、どんなに現実が厳しくともどうして望みを捨てることがありましょうか。

精神障害のもたらす困難にひるむことなく、力強く歩みを続ける皆さんの中に同じ希望の力を見いだし、励まされ支えられて前を見あげることができました。本当にありがとうございました。

最後になりましたが、起案から完結に至るまでのすべての段階で周到な準備と迅速な対応を怠らず、心血を注いでこのシリーズを形にしてくださった市川真紀さん、書籍化にあたって御尽力くださった白田浩　さんをはじめ、日本基督教団出版局の皆様に心から感謝いたします。

石丸昌彦

【監修者紹介】

石丸昌彦《いしまるまさひこ》

1957年生。愛媛県出身。1979年東京大学法学部卒業。1986年東京医科歯科大学医学部卒業。1994～97年米国ミズーリ州ワシントン大学精神科留学。1999年東京医科歯科大学難治疾患研究所講師。2000年～桜美林大学助教授、教授を経て、2008年～放送大学教授。専攻は精神医学。

キリスト教メンタルケアセンター（CMCC）副理事長。

日本基督教団柿ノ木坂教会員

著書　『死生学入門』（放送大学、2014年）、『統合失調症とそのケア（キリスト教カウンセリング講座ブックレット8)』（キリスト新聞社、2010年）『健康への歩みを支える――家族・薬・医者の役割（同ブックレット19)』（同、2016年）。共著多数。

訳書　H.スチュアート、R.アルボレダ‐フローレス、N.サルトリウス著『パラダイム・ロスト――心のスティグマ克服、その理論と実践』（中央法規出版、2015年）など多数。

精神障害とキリスト者　そこに働く神の愛

2020年1月25日　初版発行
2024年7月 8日　3版発行

監修者　石　丸　昌　彦
発　行　日本キリスト教団出版局
169－0051　東京都新宿区西早稲田2丁目3の18
電話・営業03（3204）0422、編集03（3204）0424
https://bp-uccj.jp

印刷・製本　モリモト印刷

ISBN 978-4-8184-1051-0　C0016　日キ販

Printed in Japan